TOLLKÜHNE KISTEN

Internationale Flugzeug-Klassiker

G
G-EBWD

TOLLKÜHNE KISTEN

Internationale Flugzeug-Klassiker

David Davies

HEEL

IMPRESSUM

HEEL-Verlag GmbH
Hauptstraße 354
53639 Königswinter
Tel. (0 22 23) 2 30 26
Fax (0 22 23) 2 30 28

Für die Originalausgabe:
Erstveröffentlichung: 1992 by
Osprey Publishing, vertreten
durch Reed Consumer Books Ltd.,
Michelin House, 81 Fulham Road,
London SW3 6RB
England

Verantwortlich für den Inhalt:
David Davies

Text: Mike Jerram

Übersetzung:
Rainer Pawellek, Trendelburg

Umschlaggestaltung:
Olaf Schumacher, Bonn

Satz (Fremddatenübernahme):
Fotosatz Hoffmann, Hennef

Druck:
Lorenz Ellwanger, Bayreuth

Für die deutsche Ausgabe:

ISBN 3-89365-408-9

Titelseite: Eine de Havilland D.H.60X Hermes Moth über dem grünen Bedfordshire, in der Nähe von Old Warden, seit über sechs Jahrzehnten ihr Heimatplatz.

Geschäftsfliegerei im Jahr 1934. Die großartige viersitzige Waco UKC der „Sunflower Seed Co.“ gehört heute dem amerikanischen Börsenmakler Paul McConnell, der außerdem eine makellose Beech D17C „Staggerwing“ sein eigen nennt.

Über den Autor

David Davies ist schon seit seinen ersten Schuljahren ein ausgesprochener Flugzeug- und Fotografie-Enthusiast. Seine zahllosen Besuche auf den Flugplätzen von Derby, Hawarden, Luton und Weybridge, die er mit Bus oder Bahn von seinem Heimatort in den britischen West Midlands aus unternahm, sind für ihn bis heute so gegenwärtig wie eh und je. Auf all diesen Ausflügen war seine wichtigste Ausrüstung, abgesehen von Schreibzeug, eine einfache Kamera – mehr braucht man nicht, um zwei „Vollzeithobbies“ miteinander zu kombinieren.

1959 begann er eine Berufsausbildung als Fotograf und leitete damit eine Karriere ein, die bis heute andauert. Er erinnert sich noch daran, wie er seine neuerworbene und sehr teure (allerdings auch ziemlich antike) VN-Plattenkamera zum Pariser Luftfahrtsalon von 1963 mitnahm und die Glasplatten jede Nacht in seinem Hotelzimmer unter der Bettdecke laden mußte!

Gegen Ende der sechziger Jahre fotografierte David Davies zusammen mit seinem Berufskollegen Mike Vines Luftfahrtporträts – eine Partnerschaft, die nun schon 21 Jahre lang hält. Anfang der siebziger Jahre wurden David und Mike offizielle Fotografen der Shuttleworth Collection auf dem Flugplatz Old Warden in Bedfordshire und erhielten damit eine interessante Aufgabe, die sie noch heute wahrnehmen. Einige der Ergebnisse der langen Verbindung zwischen David Davies und der Shuttleworth Collection sind auf den folgenden 120 Seiten zu bewundern.

In den frühen siebziger Jahren erwarb David Davies die Privatpilotenlizenz (PPL) und übernahm anschließend einen Anteil an einer sehr schönen, sunburst-lackierten Stampe SV.4C, einem belgischen Doppeldecker (Seite 69), der leider einige Monate später durch das Mißgeschick eines Kollegen zu Bruch ging.

Zu den spektakulärsten Ereignissen dieses Jahrzehnts gehörten sicherlich die Flüge, die David Davies zusammen mit anderen Pressefotografen zur Vorbereitung auf die Farnborough Air Show an Bord einer Hastings-Transportmaschine von Handley-Page durchführte. Für diese Flüge wurde die Laderaumtür ausgebaut, damit die Fotografen eine gute Sicht auf die vielen an der Flugschau teilnehmenden Maschinen hatten, die zum „Fototermin“ neben der Hastings erschienen. Bedauerlicherweise mußte dieses Verfahren aufgegeben werden, als die gute alte kolbengetriebene Hastings Mitte der siebziger Jahre ausgemustert wurde. David Davies besucht die Veranstaltungen von Farnborough und Paris seit 1978 im Auftrag eines großen internationalen Verlegers als Fotograf.

Zu seinen persönlichen Meilensteinen der letzten Zeit gehört die Veröffentlichung seines ersten Buches (des Vorläufers des vorliegenden Bandes) mit dem Titel *Antique & Classic Airplanes* im Jahr 1985, 1989 gefolgt von *Superbase 5 Mildenhall: Multi-Mission Task Force* und *Superbase 21 Barksdale: Home of the Mihgty Eight* aus dem Jahr 1991. Alle drei Bände sind unter Mitwirkung von Co-Autor Mike Vines entstanden und bei Osprey Aerospace erschienen.

David Davies schreibt regelmäßig Beiträge für *Jane's All The World's Aircraft*, *PILOT Magazine* und *Aeroplane Monthly* und unterhält einen umfangreichen Bestand an Farbaufnahmen aus der Luftfahrt. Leser, die Abzüge der Fotos aus diesem Buch bestellen möchten, können sich an folgende Adresse wenden:

Air Portraits
131 Welwyndale Road
Sutton Coldfield
West Midlands B72 1AL
Großbritannien
Tel./Fax: (021) 373-4021

Rechts: Die Stinson SR Reliant wurde von Bob Hall, dem berühmten Konstrukteur der „Gee-Bee“-Rennflugzeuge, entworfen und flog erstmals im Jahr 1934. Allerdings wurde sie erst 1936 zur klassischen „Gullwing“-Stinson, als sie die von Bob Ayer gebauten, markanten Tragflächen erhielt, die aus der dreimotorigen Verkehrsmaschine Stinson Model A abgeleitet waren. An der Form des Massenausgleichskörpers und der Cowling ist erkennbar, daß die N52028 eine von fünfhundert im Jahr 1942 gebauten Reliants der Serie V-77/AT-19 ist, die im Rahmen eines Überlassungsprogramms von der britischen Royal Navy für die Navigationsausbildung eingesetzt wurden.

Inhalt

Tollkühne Männer, fliegende Kisten . . .

„Das Steuerungssystem des Bristol-Doppeldeckers ist an Einfachheit nicht zu überbieten. Seine Bedienung ist in Minutenschnelle erlernt und erfordert derart wenig Kraftaufwand, daß selbst ein Kind eine solche Maschine im Flug steuern kann. Tatsächlich gibt es bei der Bristol nur eine Bewegung, die so etwas wie physischen Aufwand in Anspruch nimmt, und die besteht darin, den Steuerknüppel vom Körper weg nach rechts zu drücken. Aber selbst das ist nur dann spürbar, wenn eine starke Windbö das Flugzeug auf einer Seite anhebt." So lautete 1910 eine Werbebroschüre zur Bristol Boxkite, dem ersten kommerziell gebauten Flugzeug Großbritanniens. Diese Maschine war die verbesserte Version eines Entwurfs der Franzosen Farman und Voisin und wurde für die damals beachtliche Summe von 1100 Pfund angeboten. Zwar verfügte sie über einige Neuerungen – z. B. simple Querruder zur Steuerung der Querneigung –, doch die Werbebotschaft nahm es mit der Wahrheit nicht allzu genau. Der verstorbene Neil Williams, der den hier abgebildeten Nachbau häufig geflogen war, kam zu dem Schluß, daß diese Maschine „absolut giftig" sei, da sie um die Längsachse ein völlig instabiles Flugverhalten aufweise, eine schwergängige Seitensteuerung habe und nur bei einer Geschwindigkeit von exakt 31 Meilen pro Stunde einen stabilen Flug in konstanter Höhe ermögliche.

Oben: Boxkites wurden in den Bristol-Flugschulen Larkhill und Brooklands eingesetzt, zu deren Flugschülern auch der legendäre Robert Smith-Barry gehörte, der Vater des Pilotenschulungssystems „Gosport". Die Boxkite wurde nach Australien, Indien und Rußland exportiert, wo acht von ihnen von der zaristischen russischen Armee geflogen wurden. Dieses Shuttleworth-Exemplar wurde 1964 von den Miles-Brüdern, den berühmten Leichtflugzeugbauern, für den Film *Die tollkühnen Männer in ihren fliegenden Kisten* hergestellt. Vom Original unterscheidet es sich durch seinen modernen, 90 PS starken Lycoming-Vierzylinder-Boxermotor, der anstelle des ursprünglichen 50-PS-Gnome-Motors eingebaut wurde. Zwar erzeugen die Verspannungen des Flugwerks enormen Luftwiderstand, aber dafür erfreut sich der Pilot einer unvergleichlichen Aussicht über die (ziemlich langsam) unter ihm hinwegziehende Landschaft — wenn's auch dabei recht kalt werden kann. 1910 antworteten die Boxkite-Piloten auf die Frage von Kampfbeobachtern nach der richtigen Ausrüstung für Mitflüge bei Militärmanövern: „Kleidung — mehrfach übereinander."

Unten: Wohl seit 1066 hatte die Landung eines Franzosen auf britischem Boden keine solche historische Bedeutung mehr gehabt wie die von Louis Blériot auf einer Klippe von Dover am 25. Juli 1909, nachdem er als erster den Ärmelkanal überflogen hatte. Der von dem Zeitungsbaron Lord Northcliffe dafür ausgesetzte Preis von eintausend Pfund war zweifellos sehr willkommen, doch die Berühmtheit, die Blériot – ohnehin schon durch die Produktion von Azetylenlampen für Automobile wohlhabend geworden – mit diesem Flug erlangte, machten ihn endgültig zum reichen Mann. Innerhalb von nur zwei Tagen lagen über 100 Bestellungen für seinen Eindecker Blériot XI vor, die zur Schulung, in Luftrennen und für militärische Zwecke eingesetzt wurden.

Im Gegensatz zur Boxkite handelt es sich bei der Blériot XI des Shuttleworth-Trusts um das vom Piloten 1909 selbst gebaute Original, das von der Blériot-Flugschule in Hendon bei London eingesetzt wurde, bis es im Jahr 1912 bei einer Bruchlandung schwer beschädigt wurde. Der Bruch wurde unter einem Eisenbahnbrückenbogen eingelagert, bis er von A.E. Grimmer aus Bedfordshire aufgekauft wurde, der ihn wieder aufbaute und sich noch vor dem Ersten Weltkrieg darauf selbst das Fliegen beibrachte. In den Kindertagen der Luftfahrt war es üblich, daß einem Blériot-Neuling die Grundelemente der Flugzeugsteuerung auf einer *Penguin* beigebracht wurden, einer alten Maschine, deren Flügel man so weit gestutzt hatte, daß sie – ähnlich wie ihr Namensgeber – nur zu kurzen Hüpfern fähig war, jedoch nicht zu echten Flügen. Erst wenn ein Flugaspirant seine *Penguin* beherrschte, konnte er sich an „richtige" Flugzeuge wagen. Wobei ihm sicherlich die Tatsache Auftrieb gab, daß Monsieur Louis selbst bei seiner legendären Kanalüberquerung weniger als fünf Stunden Flugerfahrung hatte ...

Oben: Die Blériot XI war das erste Flugzeug, bei dem die Steuerung der Rollbewegung (durch Verwinden der Tragflächen) und die Höhensteuerung über einen einzigen Steuerknüppel erfolgte. Diese Maschine wird von einem luftgekühlten Dreizylindermotor angetrieben, der von dem italienischen Motorradhersteller Alessandro Anzani konstruiert wurde. Die Anzani-Motoren waren in bezug auf ihre Verläßlichkeit ebenso berüchtigt wie ihr Konstrukteur, was seine Leidenschaft zu fluchen anging. Das Blériot-Triebwerk mit seiner fächerförmigen Zylinderanordnung liefert an einem guten Tag 24 PS Nennleistung, neigt aber wie die meisten Maschinen dieser Generation zu starkem Verrußen der Zündkerzen und zum Überhitzen. Als Louis Blériot den Ärmelkanal in 37 Minuten überquerte, war dies wahrscheinlich die längste ununterbrochene Laufzeit, die dieser Motor bis dahin geschafft hatte, und der einzige Grund, warum Blériot keine nassen Füße bekam, lag wohl in der vorübergehenden Zusatzkühlung des Motors beim Durchfliegen eines Regenschauers. Die Gnome-Motoren, mit denen später gebaute Blériots ausgestattet wurden, erreichten mit viel Glück eine Betriebszeit von 12 Stunden zwischen zwei Grundüberholungen. Im Cockpit gab es als einziges Instrument das sogenannte „Pulsometer", eine Dampfdruckpumpe für den kugelförmigen Messing-Öltank, die von Hand betätigt werden mußte, um einen Öldruck von zwei Pfund pro Quadratzoll im Verlustschmiersystem aufrechtzuerhalten. Doch halt: Ein Totalverlust des Motoröls trat bei diesem Flugzeug – genau genommen – nicht auf, denn der große Propeller verteilte einen feinen Nebel aus Rizinusöl und Abgasen über den nicht weiter geschützten Piloten. In der Pionierzeit der Luftfahrt gab es Regeln wie „Twelve hours from bottle to throttle" noch nicht; es wurde vielmehr sogar empfohlen, vor dem Flug einen kräftigen Schluck aus der Cognac- oder Whiskyflasche zu nehmen, um die schlimmsten Folgen eines Bades im Rizinusölnebel zu kompensieren.

Unten und nächste Doppelseite: Ein Jahr jünger als die Blériot und ebenfalls französischen Ursprungs ist die Deperdussin Typ B, die „Volks"- oder auch „Schul"-Version, ebenfalls ein Schmuckstück der Shuttleworth Collection, das von Mr. Grimmer grundüberholt wurde und 1935 als Spende in die Sammlung von Richard Shuttleworth einging. Die „Dep" war von Louis Béchereau für den belgischen Seidenhändler Armand Deperdussin konstruiert worden. Deperdussin war Gründer der Société Pour les Appareils Deperdussin (SPAD), deren Kampfflugzeuge während des Ersten Weltkriegs Berühmtheit erlangten. Seine „Dep" war der Vorläufer der Maschine, die 1913 den Gordon-Bennett-Wettbewerb gewann, indem sie als erstes Flugzeug eine Geschwindigkeit von mehr als 200 Kilometern pro Stunde überschritt. Angetrieben von einem weiterentwickelten Anzani-Motor mit 35 PS und Y-förmiger Zylinderanordnung, wird die „Dep" mit Hilfe eines großen Fünfspeichen-Steuerrades geflogen, das man eher an Bord eines Schiffes vermuten würde. Das Drehen dieses Rades bewirkte das Verwinden der Flügel, während die beiden Höhenruder durch Drücken und Ziehen betätigt wurden. Auch diese Maschine verfügt wie die Blériot nur über ein einziges Cockpitinstrument, in diesem Fall eine Tankuhr.

Die Deperdussin und die Blériot dürften die ältesten noch flugfähigen *Originalflugzeuge* der Welt sein, wenngleich sich diese „Flugfähigkeit" auch mit Rücksicht auf die Zerbrechlichkeit der 80jährigen Veteranen heute auf kurze Geradeausflüge in den Grenzen des Flugplatzes beschränkt, und auch das nur an windstillen Sommerabenden.

Oben: „Kaum hatte ich eine Kurve eingeleitet, machte sich der niedrige Schwerpunkt bemerkbar, so daß ich in eine schreckliche Schaukelbewegung geriet und aus der großen Höhe von zwei Fuß in einen Sturzflug überging und im Sand auf der Nase landete. Doch das konnte mein Vertrauen in Flugzeuge nicht erschüttern." Dies schrieb der britische Flugpionier Robert Blackburn über seinen ersten Flugversuch im Jahr 1910, und tatsächlich: Mit vollem Vertrauen in die Fähigkeiten der Luftfahrzeuge entwickelte er eine Reihe innovativer Eindecker, die sich durch eine für die damalige Zeit außergewöhnlich saubere Linienführung auszeichneten. Einziges überlebendes Exemplar dieser Maschinen ist dieser Blackburn-Eindecker (Baujahr 1912) aus der Shuttleworth Collection. Bemerkenswert ist neben der typischen Blackburn-Dreiecksform von Höhen- und Seitenleitwerk der halb verkleidete 50-PS-Gnome-Umlaufmotor. Blackburn erdachte ein Dreiachsen-Steuersystem, das er sich auch patentieren ließ. Es bestand aus einem Automobil-Lenkrad, mit dem das Verwinden der Flügel und die Bewegungen von Höhen- und Seitenruder gesteuert werden konnten. Zum Steuern der Gierbewegung verfügt die Maschine aber auch über Seitenruderpedale, so daß das Lenkrad nur zum Steuern der Roll- und Nickbewegungen benötigt wurde. Es wirkte übrigens nach heutigem Verständnis „falsch herum", obgleich diese Auslegung eigentlich ganz logisch war: Zum Absenken der Nase wurde die Lenkradsäule gezogen, zum Anheben nach vorn gedrückt.

Unten: Diese Maschine war die siebte, die von Robert Blackburn gebaut worden war. Kunde war Cyril Foggin, Flugschüler an der Blackburn School in Hendon. Entdeckt wurde sie 1937, in einem Heuhaufen versteckt; sie ist heute das älteste britische Originalflugzeug, das noch immer fliegt. Nach wie vor leistet sie mit ihrem 50-PS-Gnome Enormes: Sie ist bis zu 60 Meilen pro Stunde schnell und hat eine Steigleistung, die sie zum Fliegen einer bescheidenen Platzrunde um ihren Heimatflugplatz Old Warden herum befähigt – ein Anblick, den selbst Aviateure genießen, die „schon alles gesehen haben".

Rechts und folgende Seiten: Alliott Verdon-Roe führte am 8. Juni 1908 als erster Brite einen Motorflug durch, eine Heldentat, die niemals offiziell gewürdigt wurde. Bald darauf baute er sein „Bulls-Eye Avroplane", das in der Geschichte der Luftfahrt seinen Platz als erstes in Großbritannien konstruiertes und gebautes Flugzeug hat und am 23. Juli 1909 zum Erstflug abhob. Es handelte sich um einen Dreidecker, von dem Roe noch drei weitere Exemplare – das letzte von ihnen eine Avro Mark IV von 1910 – baute. Das Original wurde von einem wassergekühlten 35-PS-Green-Motor angetrieben. Dieser Nachbau wurde vom Hampshire Aeroplane Club für den Film *Die tollkühnen Männer in ihren fliegenden Kisten* angefertigt und ist die Maschine, in dem der niederträchtige „Sir Percy" – gespielt von Terry Thomas – allerdings die dreifache Leistung von 105 PS, geliefert von einem D.H. Cirrus Hermes II, zur Verfügung hatte. Die Maschine fliegt ausgezeichnet und war erwiesenermaßen von allen Nachbauten, die in diesem Meilenstein der Filmgeschichte mitwirkten, am besten zu handhaben. Die Konstrukteure entschlossen sich, auf Querruder zu verzichten und statt dessen das Querlage-Steuersystem von Roe beizubehalten, bei dem die äußeren Teilstücke der beiden oberen Flügel gegeneinander verdreht wurden, was gerade eben eine ausreichende Beeinflussung der Querneigung ermöglicht. Der verstorbene Neil Williams, einer der vielen qualifizierten Testpiloten und begeisterter Avro-Flieger, bemerkte, daß eine einsetzende Rollbewegung dem Piloten zum Drehen des Lenkrades einen Kraftaufwand abnötigte, der dem zum Lenken eines Londoner Busses gleichkam, während der Dreidecker den Eindruck machte, „jeden Moment umzuschlagen, etwa so wie eine kleine Yacht in einem Sturm". Bemerkenswert: Der zentral angeordnete Treibstofftank unter der obersten Tragfläche und die Montage der untersten Tragfläche weit unter dem Rumpf, so daß sie über ihre ganze Spannweite Auftrieb erzeugt.

AVRO

AVRO

Ritter der Lüfte

Als die S.E.5 der Royal Aircraft Factory im April 1917 erstmals von der 56. Staffel des Royal Flying Corps (RFC) in Dienst gestellt wurde, wurde sie von den Piloten, die die leichten, wendigen und mit Umlaufmotoren ausgerüsteten Flugzeuge wie z. B. die Sopwith Pup und die französische Nieuport 17 gewohnt waren, als „Blindgänger“ eingestuft. Doch die S.E.5 und ihre Nachfolgerin S.E.5A, die mit einem 200 PS starken Hispano-Suiza-Motor (Hisso-Motor) mit Untersetzungsgetriebe bzw. einem Wolseley Viper V-8 mit Direktantrieb bestückt waren, entwickelten sich schnell zu einer mächtigen Schützenplattform. VC Albert Ball errang 13 seiner 44 Luftsiege bei nur einer Niederlage in einem Zeitraum von 12 Tagen im Frühjahr 1917, während Major James McCudden 51 seiner 57 Abschüsse mit einer S.E. erzielte. Er selbst starb aufgrund der schweren Fehlentscheidung, wegen eines Triebwerksausfalls an seiner S.E.5A kurz nach dem Start zum Flugplatz zurückkehren zu wollen.

239

Oben: Über 5000 Exemplare der S.E.5 bzw. der S.E.5A wurden insgesamt gebaut. Sie dienten in 21 Staffeln des RFC, einer australischen Staffel und verschiedenen Schulungseinheiten. Die S.E.5A der Shuttleworth Collection gehörte zu einer Flotte von Flugzeugen, die in den zwanziger Jahren von dem gefeierten Major J.C. Savage als „Himmelsschreiber“ eingesetzt wurde. Die abgebildete Maschine wurde 1955 entdeckt, unter dem Dach eines Schuppens der Armstrong-Whitworth-Werke bei Coventry aufgehängt und ohne Motor. Sie wurde von Lehrlingen und Mitarbeitern ihres Geburtshauses – heute Technische Abteilung der Royal Air Force in Farnborough – restauriert und hob am 8. August 1959 erstmals wieder ab, gesteuert vom Shuttleworth-Treuhänder und inzwischen verstorbenen Air Commodore Allen H. Wheeler. Damals wurde sie von einem Hispano-Suiza-Motor angetrieben, der später durch ein Viper-Triebwerk ersetzt wurde.

Unten: Arbeitsplatz für Fliegerasse. Die Bewaffnung der S.E.5A bestand aus einem am Rumpf montierten Vickers-Maschinengewehr – einem der ersten Maschinengewehre mit dem Constantinesco-Synchronisationsmechanismus, der das Feuern durch die rotierenden Propellerblätter ermöglichte – und einer auf einem Foster-Waffenträger über der Tragflächenmitte montierten Lewis-Bordkanone, die über einen Bowdenzug vom Cockpit aus bedient wurde. Das Vickers-Maschinengewehr war allerdings anfällig für Ladehemmungen und Synchronisationsschwierigkeiten. Daher bevorzugten Ball und andere fähige Vertreter seiner Zunft die Lewis-Kanone, obwohl das Nachladen des trommelförmigen Munitionsmagazins im Flug – noch dazu während des Luftkampfs – eine knifflige Angelegenheit war.

Unten: Im Gegensatz zur verbreiteten Meinung sind Umlaufmotoren keineswegs rasselnde und vibrierende Antriebsaggregate, sondern zeichnen sich, wenn sie sorgfältig ausgewuchtet sind, durch hohe Laufruhe aus. Hier wird gerade der 110 PS starke Le-Rhône-Motor der Avro 504K aus dem Besitz der Shuttleworth Collection auf Drehzahl gebracht.

Oben: Obwohl die Avro 504 zuerst als Kampfflugzeug beim RFC eingesetzt wurde (im November 1914 hatten vier von ihnen Geschichte gemacht, als sie den ersten im voraus geplanten Bombenangriff der Militärluftfahrt auf die Zeppelin-Werke in Friedrichshafen am Bodensee geflogen hatten), gründete sich der Ruhm dieser Maschine auf ihre Verwendung als Schulflugzeug. Ihr Konstrukteur Alliott Verdon-Roe ging davon aus, Bestellungen für weitere acht Maschinen zu erhalten, als er die ersten 504-Maschinen an das britische Kriegsamt übergab; bis zum Tag des Waffenstillstands am 11.11.1918 jedoch wurden nicht weniger als 8340 Stück gebaut. Als 1933 die Produktion von Nachfolgevarianten der 504 eingestellt wurde, waren insgesamt über 10.000 Exemplare dieses Typs gebaut worden. Die meisten davon waren 504K-Ausführungen, die entweder mit einem der 100 PS starken Motoren vom Typ Gnome Monosoupape bzw. Le Rhône oder mit dem 130-PS-Clerget-Triebwerk ausgerüstet waren. In Friedenszeiten wurden überzählige Avros von umherziehenden Luftzirkusbetreibern kurzfristig zu drei- oder sogar fünfsitzigen Rundflugmaschinen umfunktioniert. Dieses Exemplar wurde als 504K gebaut, durch Einbau eines Austauschmotors vom Typ Armstrong Siddeley Lynx zu einer 504N für die Royal Air Force umgerüstet und später von Lehrlingen der Avro Company wieder zu ihrer Originalversion 504K umgebaut. Die Landekufe zwischen den Rädern soll Überschläge verhindert; der Tank über der oberen Tragfläche, aus dem der Treibstoff durch sein Eigengewicht zum Motor läuft, wird durch den kleinen, vom Luftstrom angetriebenen Propeller an der rechten Mittelstrebe vor dem Cockpit unter Druck gehalten.

Der Doppeldecker von Tommy (dem späteren Sir Thomas) Sopwith hieß ursprünglich Sopwith Scout, hatte aber eine so große Ähnlichkeit zu der anderthalbmal größeren Strutter, daß irgend jemand ihr den Spitzname „Pup" (was soviel wie „Junges" bedeutet) gab, den sie fortan nicht mehr los wurde. Die Pup flog erstmals im Februar 1916 und wurde zunächst von den britischen Marinefliegern (Royal Naval Air Service, RNAS) beschafft, bei denen ihr als erstem Flugzeug der Welt eine Landung auf einem Schiff gelang. Dabei setzte Staffelführer E.H. Dunning seine Pup am 2. Februar 1917 auf das Deck der HMS *Furious*, starb aber nur wenige Tage später bei einem ähnlichen Versuch, als seine Maschine vom Wind über Bord gefegt wurde, bevor die Decksmannschaft seine Maschine „fassen" konnte. Als die Pup in Frankreich bei der 8. RNAS-Staffel zum Kampfeinsatz kam, konnte sie in den ersten drei Monaten 14 feindliche Maschinen abschießen und 13 weitere beschädigen und errang so die Luftüberlegenheit entlang der Westfront für den größten Teil des Jahres 1917. Die Shuttleworth-Pup war die letzte von zehn Maschinen, die nach 1918, also zu Friedenszeiten, in Form von Doppelsitzern mit dem treffenden Namen „Dove" (Taube) vom Band liefen. Die hier gezeigte einsitzige Zivilversion Scout trägt die Seriennummer des Pup-Prototypen. Auf dem Bild rechts zu erkennen: Die lederumrandete Windschutzscheibe hinter dem Kolben des Vickers-Maschinengewehrs der Pup, die gerade zum Start rollt.

LIFT HERE
LIFT HERE

Die mit dem 80-PS-Umlaufmotor von Le Rh ne ausgerüstete Pup war ziemlich untermotorisiert; der Vorteil aber war, daß sie auch nur knapp 400 kg Leergewicht auf die Waage brachte, so daß sie ein hohes Leistungs-Gewichts-Verhältnis bei großzügig bemessener Flügelfläche aufwies. Dadurch erzielte sie eine exzellente Steigrate, war leicht zu handhaben und sehr wendig — selbst in Höhen über 10.000 Fuß — und flog mit 111 Meilen pro Stunde schneller als jede andere mit demselben Triebwerk ausgerüstete Maschine ihrer Zeit. Zwar hatte sie mit ihrem einen, fest montierten und synchronisierten Vickers-0.303.-Maschinengewehr nur geringe Feuerkraft, aber die große Wendigkeit der kleinen Maschine ließ sie bei den Piloten zum beliebtesten Flugzeug des ganzen „fliegenden Sopwith-Zoos" werden: VC James McCudden erklärte dazu, „er könne mit der Pup jede beliebige (deutsche) Albatros ausmanövrieren, gleichgültig, wie gut deren Pilot auch sein mochte, und er könne mit der Sopwith zwei Kreise fliegen, während die Albatros nur einen schaffe".

SOPWITH
N5180

Eine Pup-Zweierformation. Schon eine Sopwith Pup im Original zu sehen, ist selten genug, aber gleich zwei...? Im Patrouillenflug über dem Flugplatz Old Warden im Sommer 1974 fotografiert wurden hier die G-EBKY/N5180 des Shuttleworth Trust (mit den rot-weißen Rädern), geflogen von Staffelführer „Dickie“ Martin, und die G-APUP/N5182 von Desmond St. Cyrien mit dem verstorbenen Neil Williams am Steuerknüppel. Die N5180 fliegt noch immer sehr aktiv, während die N5182 einen Platz im Museum der Royal Air Force in Hendon gefunden hat.

Die Sopwith Triplane war ein Versuch von Herbert Smith, ein noch wendigeres Aufklärungsflugzeug als die Pup zu schaffen. Smith konstruierte später auch die Camel, die die Triplane im Kampfeinsatz deutlich in den Schatten stellte. Der Prototyp der Triplane wurde erstmals von Harry Hawker am 28. Mai 1916 geflogen, und die ersten Serienflugzeuge wurden vom RNAS im Februar 1917 in Dienst gestellt. Zwischen Mai und Juli 1917 zerstörten fünf Piloten der Kampfgruppe B der 1. RNAS-Staffel 87 feindliche Flugzeuge, und Gruppenführer F/Sub-Lieutenant Raymond Collishaw allein kam in 27 Tagen auf 16 Maschinen. Die Militärkarriere der Triplane war ruhmreich, allerdings auch recht kurz, denn bis Ende 1917 war sie von der Westfront abgezogen und durch die Sopwith Camel ersetzt worden. Die hier abgebildete Triplane ist ein authentischer Nachbau im Maßstab 1 : 1. Er wurde für den ehrenwerten Patrick Lindsay, Direktor von Christie's und Sammler historischer Flugzeuge, angefertigt und gehört heute zur Sammlung des Weeks Air Museum in Florida.

Obwohl die nicht unelegant, aber insgesamt doch eher durchschnittlich wirkende Nieuport 28.1C in Frankreich entwickelt (Konstrukteur: Gustave Delage) und gebaut wurde, ist ihre Geschichte untrennbar mit dem Amerikanischen Expeditionskorps verbunden, das 297 Flugzeuge dieses Musters in den letzten Monaten des Ersten Weltkriegs einsetzte. Sie wurde von einem 160 PS starken Gnome-Monosoupape-Neunzylinder-Umlaufmotor angetrieben und war die erste Konstruktion, bei der Nieuport von seinem Anderthalbdeckerkonzept abrückte und statt dessen einen Doppeldecker baute, bei dem die untere Fläche auf zwei Holmen basierte und eine Profilsehne aufwies, die fast genau parallel zu der der oberen Fläche verlief. Die hier abgebildete Maschine gehört heute der Historic Aviation Collection aus Jersey und war ehemals Bestandteil des Tallmantz Movieland of the Air Museum in Kalifornien, wo sie neben einigen anderen Nieuport 28.C1 in den klassischen Filmen *The Dawn Patrol* und *Hell's Angels* mitwirkte. Seit ihrer Restauration durch die englische Firma Skysport Engineering trägt sie das Abzeichen der 95. AEF-Fliegerstaffel, ein bockendes Maultier.

Doppelsitzer verfeindeter Seiten im Ersten Weltkrieg – heute vereint in der Shuttleworth Collection.

Oben: Nach der wenig erfolgreichen Indienststellung einer Vorgängerversion wurde die Bristol F.2B mit einem wassergekühlten, 275 PS starken V12-Motor vom Typ Rolls-Royce Falcon III, einem starr nach vorn ausgerichteten Vickers-Maschinengewehr und einer oder zwei in einem Scarff-Geschützstand montierten Lewis-Bordkanonen zum effektivsten Kampfflugzeug der Alliierten im Ersten Weltkrieg und zum Rückgrat der Royal Air Force in Friedenszeiten. Insgesamt wurden 4469 „Brisfits“ oder „Biffs“ gebaut, von denen heute nur noch dieses einzige Exemplar fliegt. Auf dieser Aufnahme ist gut zu erkennen, wie Frank Barnwell den Cockpitbereich so zwischen den Tragflächen angeordnet hat, daß Pilot und Kampfbeobachter/Bordschütze über die obere Tragfläche sehen konnten.

Unten: Die LVG C.VI von 1917 war eine deutsche Aufklärungs- und Artillerie-Plattform, die in gut 1100 Exemplaren von der Luft-Verkehrs-Gesellschaft (LVG) in Berlin gebaut wurde. Diese Maschine wurde von einem 230 PS starken Benz BzIV angetrieben und war mit einem rechts neben dem Cockpit fest eingebauten Spandau-Maschinengewehr sowie einer flexibel montierten Parabellum für den Bordschützen bewaffnet. Sie war stabil gebaut und erfüllte ihren vorgesehenen Zweck als Aufklärer. Allerdings war sie etwas schwerfällig und damit ein leichtes Ziel für gegnerische Jagdflieger. Der freiliegende, niedrig drehende Sechszylinder-Benz mit seinem typischen vertikalen Auspuff in „Nashorn"-Form, der Bordschützenstand, die fünffarbige Tarnung der Tragflächenoberseitenbespannung und die urdeutsche Leitwerkskonfiguration sind aus dieser Perspektive gut zu erkennen. Die LVG C.VI wurde am 2. August 1918 von zwei S.E.5A der 74. Staffel zur Landung gezwungen, als Kriegsbeute nach England geschafft und zu Vergleichsflügen gegenüber zeitgenössischen britischen Flugzeugen (darunter auch Kampfflugzeuge vom Typ Bristol) eingesetzt. Danach landete sie für viele Jahre in einem Lager und wurde während dieser Zeit nur einmal zu einer Vorführung auf der Flugschau von Hendon im Jahr 1937 geflogen. In den siebziger Jahren wurde sie vollständig (und sehr originalgetreu) von Mitarbeitern der Shuttleworth Collection und Mitgliedern der Shuttleworth Veteran Aeroplane Society restauriert. Diese LVG C.VI ist der einzige noch flugfähige deutsche Doppelsitzer aus dem Ersten Weltkrieg.

„Moth“ — das Zauberwort

„Meine Begeisterung für die Naturgeschichte hat mich darauf gebracht, mich bei der Namensgebung der Etymologie zu bedienen“, sagte Sir Geoffrey de Havilland 1925 über seine Suche nach einem geeigneten Namen für seine D.H.60, dem „Aeroplane for All“. Er entschied sich für „Moth“, die Motte, was nicht nur zum Familienname für eine ganze Serie von Vorkriegskonstruktionen aus dem Hause de Havilland, sondern im Volksmund zu einem Synonym für *alle* britischen Leichtflugzeuge dieser Ära werden sollte.

Die G-EBWD, die hier gerade vom Flugplatz Old Warden startet, wurde 1928 als D.H.60X „Cirrus Moth“ gebaut, ausgestattet mit einem 65-PS-Vierzylindermotor vom Typ D.H. Cirrus (wobei der Zusatz „X“ auf das von hinten gut sichtbare Fahrwerk mit geteilter Achse hindeutet, das härtere Landungen besser verkraftete als die frühere Konstruktion mit durchgehender Achse). Richard Shuttleworth kaufte sie 1932 für 300 Pfund und führte in Brooklands seinen ersten Alleinflug auf dieser Maschine durch. Im Jahr darauf erhielt die G-EBWD einen 105-PS-Hermes-II-Motor. Seit Shuttleworth die Maschine gekauft hatte, blieb sie dessen Heimatflugplatz Old Warden in Bedfordshire treu — damit war sie das am längsten an ein und demselben Platz ununterbrochen stationierte Flugzeug in der Geschichte der Luftfahrt. Dort feierte sie auch am 14. Februar 1992 ihr diamantenes Dienstjubiläum.

WD

Die D.H.51 G-EBIR ist eigentlich keine Moth, zeigt aber trotzdem alle typischen Merkmale der Moth-Familie, obwohl sie ein Jahr früher entstand als die D.H.60. Sie war als Reiseflugzeug mit hinten angeordnetem Pilotencockpit und zwei Tandem-Passagiersitzen vorn konzipiert und hob am 1. Juli 1924, gesteuert von Geoffrey de Havilland, zum Erstflug ab. Sie hatte ein gutmütiges Flugverhalten und eignete sich gut für ihren vorgesehenen Einsatzzweck, erwies sich aber als zu teuer für die meisten privaten Flugzeughalter, so daß nur ganze drei Exemplare gebaut wurden. Als letzte von ihnen entstand die hier gezeigte G-EBIR. Sie wurde im September 1925 an ihren Eigentümer John Carberry in Kenia ausgeliefert, wo sie auf den Namen *Miss Kenya* getauft wurde und als erstes in Kenia registriertes Flugzeug das Kennzeichen VP-KAA erhielt. 1965 gelangte die Maschine, die aus unerfindlichen Gründen überlebt hatte, per Luftfracht von Nairobi nach London, wo sie im Herstellerwerk – inzwischen ein Unternehmen der Hawker-Siddeley-Gruppe – restauriert und 1973 an den Shuttleworth Trust verschenkt wurde. Die von einem 120 PS starken Airdisco-Motor angetriebene *Miss Kenya* ist heute weltweit das älteste noch fliegende Flugzeug von de Havilland. Doch diesen Titel wird sie wohl an die D.H.53 „Humming Bird", auch aus der Shuttleworth-Sammlung, abtreten müssen, wenn die Pläne, dieses Flugzeug wieder lufttüchtig zu machen, im Laufe des Jahres 1992 realisiert werden.

MISS KENYA

Oben: Die beiden Sitze einer D.H.60G „Gipsy Moth". Sie sind originalinstrumentiert, unter anderem mit einem großen Wendezeiger links unten im Instrumentenbrett des hinteren Cockpits. Typisch für eine Moth ist auch das lange Auspuffrohr, das an der Rumpfaußenseite verläuft und als sehr willkommener Wärmespender dienen kann. Allerdings kann es seine Anwesenheit auch ziemlich schmerzhaft in Erinnerung bringen, wenn ein unvorsichtiger Fluggast seine Hand ohne schützenden Handschuh nach draußen hält.

Unten und folgende Seiten: Die G-EBLV ist das älteste noch fliegende D.H.60-Exemplar und unter ihren vielen Bewunderern in allen Moth-Clubs als „Mother Moth" bekannt. Mit ihrem 60 PS starken Vierzylindermotor vom Typ ADC Cirrus I ist sie zugleich das originalgetreueste Exemplar ihrer Gattung. Dieser Motor wurde vom de-Havilland-Chefingenieur Major Frank Halford aus einem halben Airdisco-Renault-V-8 mit 120 PS entwickelt, den er aus Armee-Überbeständen erworben hatte. Die G-EBLV war die achte überhaupt gebaute Moth und wurde im Juli 1925 von dem berühmten Luftfahrtpionier Alan Cobham an den auf dem Flugplatz Woodford beheimateten Lancashire Aero Club ausgeliefert. Damals kostete eine Moth 885 Pfund, doch mit zunehmender Rationalisierung infolge der Großserienfertigung sank der Preis schnell auf 730 Pfund und beinhaltete einen Werkzeugsatz, Bezüge für Motor, Cockpits und Propeller sowie eine frei wählbare Lackierung. De Havilland baute ein weltumspannendes Netz von Verkaufs- und Servicestationen auf und startete energische Werbekampagnen, zu denen auch spektakuläre Aktionen wie z. B. das Ausstellen einer Moth im Schaufenster eines großen Warenhauses in der Londoner Oxford Street gehörten. Sogar die Flugausbildung war häufig im Kaufpreis

enthalten. Auf Stag Lane, dem Heimatflugplatz von de Havilland, konnte man einzeln abschließbare „Moth-Garagen“, in denen die Moths mit eingeklappten Flügeln abgestellt wurden, für ein Pfund pro Woche mieten. Außerdem stand jederzeit eine Mannschaft von de Havilland zur Verfügung, um die Moth zu warten, sauberzuhalten und startklar zu machen, obgleich das Unternehmen Kaufinteressenten stets versicherte, daß ihre Moth „von jedermann in optimalem Zustand gehalten werden konnte, der auch nur über durchschnittliche technische Kenntnisse aus dem Automobilbereich verfügte“. Und de Havilland betonte immer wieder, daß der Cirrus-Motor der Moth „ebenso einfach wie zuverlässig sei wie ein Motorradmotor und mit handelsüblichen Treibstoff- und Ölsorten auskomme, die es an jeder Tankstelle gebe“. Damals war übrigens eine Moth, die an einer Straßentankstelle aufgetankt wurde, keineswegs ein ungewöhnlicher Anblick. Die G-EBLV natürlich wird man heute nicht mehr irgendwo am Straßenrand entdecken: Diese Maschine ist heute im Besitz von British Aerospace, wo sie liebevoll gehegt und in exzellentem Zustand – selbstverständlich voll flugtauglich – gehalten wird. Sie ist in Hatfield stationiert, nicht weit von ihrem Geburtsort Stag Lane.

G
G-EBLV

G-EBLV
G

G-ABYA

Durch „Kreuzung" des 85-PS-Motors D.H. Gipsy mit der Moth entstand die klassische, langlebige Version der „Gipsy Moth", die erstmals 1928 in Erscheinung trat und sofort die Aufmerksamkeit der Öffentlichkeit auf sich zog, als drei Exemplare dieses Musters am Luftrennen „King's Cup" teilnahmen und W.L. Hope mit einer Geschwindigkeit von 105 mph die begehrte Trophäe gewann. Captain Geoffrey de Havilland stellte später in seiner eigenen Gipsy Moth mit 19.980 Fuß selbst einen Höhenrekord auf, und Testpilot Hubert Board blieb in einer mit zusätzlichen Treibstofftanks ausgerüsteteten Gipsy Moth über dem Flugplatz Stag Lane 24 Stunden in der Luft. Der Gipsy-Motor war ein konstruktives Meisterwerk – leicht, leistungsfähig und absolut zuverlässig. So zuverlässig, daß ein Motor, so wie er das Werk verlassen hatte, versiegelt, in eine Gipsy Moth eingebaut und in einem Dreivierteljahr 600 Stunden lang geflogen wurde, ohne daß an ihm – bis auf die regelmäßigen Abschmiervorgänge und Ölwechsel – irgendwelche Wartungsarbeiten durchgeführt wurden. Dieser Motor erzielte eine Strecke von 51.000 Meilen bei Gesamtkosten für Überholungen und Ersatzteile von nur wenig mehr als sieben Pfund. Diese Gipsy Moth, die leider 1972 zu Bruch ging, aber wahrscheinlich eines Tages wieder fliegen wird, ist eine Luxusausführung (wie man an der stromlinienförmigen Verkleidung der Kopfstütze erkennen kann), deren damaliger Kaufpreis unter anderem einen Satz Bremsklötze und einen Spornkuller einschloß.

Die Gipsy Moth wurde fast zu einem „Flugzeug für jedermann“, doch für die Royal Air Force schien sie sich nicht zu eignen. Die Anordnung des vorderen Cockpits unter dem Treibstofftank zwischen den oberen Tragflächen und eingerahmt von den zellenseitigen Verstrebungen erwiesen sich als zu einengend und ließ den Piloten, ausgerüstet mit Fallschirm und bekleidet mit einem unförmigen Fliegerdreß, im Notfall kaum eine Chance zum Aussteigen. Der Konstrukteur Arthur Hagg verlagerte die Verstrebungen weiter nach vorn, um das vordere Cockpit von Hindernissen zu befreien, hielt die Schwerpunktlage ein, indem er den Tragflächen durch simples Verkürzen der hinteren Holme stärker pfeilte, versah die Maschine mit einem neuen 120-PS-Reihenmotor vom Typ Gipsy III (in umgekehrter Einbaulage) und – hatte damit 1931 die D.H.82 „Tiger Moth“ geschaffen, die zur bekanntesten Moth-Version werden sollte. Die hier abgebildete D.H.82A Tiger Moth Mk II mit dem 130 PS starken Gipsy Major kam 1934 auf den Markt.

G-AMHF

G-AMHF

91

Oben und vorangegangene Seiten: Während des Zweiten Weltkriegs lief die Massenproduktion von Schulmaschinen des Typs Tiger Moth Mk II in den Fertigungsstätten von de Havilland in Hatfield und in den Morris Motor Works in der Nähe von Oxford. Und auch in anderen Ländern wurde dieses Muster produziert, so z. B. durch Tochtergesellschaften von de Havilland in Australien, Kanada (hier wurde sogar eine spezielle „kanadische" Version der D.H.82A entwickelt) und Neuseeland. Daneben entstanden in Norwegen, Portugal und Schweden Tiger Moths bei Firmen, die dieses Muster in Lizenz bauten. Wie viele Maschinen dieses Typs insgesamt gebaut wurden, ist unter Historikrn und Luftfahrtexperten umstritten; die meisten Quellen nennen jedoch eine Stückzahl von 9231. Diese in Original-Tarnfaben (erdfarben dunkel/hell und dunkel-/hellgrün, wobei die oberen Tragflächen die dunkleren, die unteren dagegen die helleren Tarnfarben trugen und die hier nicht sichtbare Unterseite trainer-gelb lackiert war) restaurierte Schulmaschine aus dem Zweiten Weltkrieg gehört zur Shuttleworth Collection. Die helle Fläche auf der hinteren Rumpfoberseite besteht aus einem Material, das sich bei Vorhandensein von Kampfgas verfärbt, einer gefürchteten Bedrohung in den ersten Kriegsjahren, die allerdings glücklicherweise niemals Realität wurde.

Links: Wie viele -zigtausend oder sogar hunderttausend Flugschüler wohl Stunde um Stunde frustrierender Grundausbildung in einem solchen Cockpit verbracht haben mögen, bevor sie die Tiger Moth richtig im Griff hatten? Die Tiger Moth war schwieriger zu fliegen als andere Maschinen ihrer Zeit und neigte dazu, jede kleine Unzulänglichkeit in der Handhabung sofort zu quittieren (ohne allerdings jemals wirklich gefährlich zu werden). Aber wohl gerade das machte sie zu einer ausgezeichneten Schulmaschine und war bei den Fluglehrern sehr beliebt, abgesehen von ihrem mechanischen Gosport-Kommunikationssystem für die Insassen. Dessen schwarzes Mundstück aus Gummi hinterließ noch lange nach einem Flugbetriebstag einen Abdruck auf den Gesichtern von Schüler und Lehrer, trug aber andererseits nicht viel zur Verständigung zwischen ihnen bei. Gut zu sehen sind hier die herunterklappbaren Türen auf beiden Seiten des Cockpits, das typische Sutton-Gurtzeug, der große, in der Mitte des Instrumentenbretts montierte Kompaß und der Blockierhebel für die automatischen Vorflügel (rechts unter dem Instrumentenbrett). Das offene Cockpit einer Tiger Moth ist ein zugiger Platz und läßt das Tragen einer dicken Fliegerjacke selbst an einem lauwarmen Sommertag geraten erscheinen.

Oben: Bei Kriegsende wurden überzählige Tiger Moths zum Schleuderpreis von ganzen 25 Pfund verkauft (was nicht selten gerade dem Wert des in ihren Tanks verbliebenen Treibstoffs entsprach) und anschließend verschrottet. Die überlebenden Flugzeuge bildeten häufig den Kernbestand ziviler Fliegervereine, bis neuere Typen auf den Markt kamen, die besser auf die geplante Verwendung abgestimmt waren. Heute ist jede noch fliegende Tiger Moth ein wohlgehüteter Oldtimer, der — wenn überhaupt — nur für den tausendfachen Preis den Besitzer wechselt, den man kurz nach dem Krieg zahlen mußte. Allerdings nimmt ihre Zahl wieder zu, was auf das Entstehen „neuer“ Maschinen aus Nachbauten zurückzuführen ist. Ein solches Beispiel für einen Moth-ähnlichen Neubau ist die hier im Vordergrund zu sehende Maschine von Peter Jackson, Mitglied im Diamond Nine Formation Team und im D.H. Moth Club. Dabei handelt es sich um eine Art „High-Tech-Tiger“ mit vielen zusätzlichen Verkleidungen und Zubehörteilen aus modernen Verbundwerkstoffen.

Rechts und unten: Eine Tiger Moth für vier Personen. Mitte der fünfziger Jahre entwickelte der Wiltshire Aeroplane Club auf dem Flugplatz Thruxton mangels Verfügbarkeit geeigneter Reiseflugzeuge in Großbritannien eine viersitzige Version der so weit verbreiteten Tiger Moth. Dazu wurde der aus einer Stahlrohrkonstruktion bestehende vordere Rumpfabschnitt in der Mitte aufgetrennt und im Cockpitbereich von 24 auf 37 Zoll verbreitert, so daß zwei hintereinanderliegende Sitzpaare entstanden. Das neue Cockpit erhielt eine Kabinenhaube und wurde wieder mit dem hinteren Rumpfabschnitt verbunden. Auch das Leitwerk wurde unverändert beibehalten. Auch der Treibstofftank zwischen den oberen Tragflächen wurde ebenso wie die Spurweite des Hauptfahrwerks vergrößert, während das Motor-Brandschott sowie die Motoraufhängung nach vorn verlagert wurden, um die richtige Schwerpunktlage zu erzielen. So entstand die Thruxton Jackaroo (was aus einem Begriff der australischen Umgangssprache abgeleitet worden war, der so viel wie „Alleskönner" bedeutet), die am 2. März 1957 zum Erstflug startete. Auf diese Weise verwandelten sich zwischen 1957 und 1959 18 Tiger Moths in Jackaroos. Die letzte davon (G-APAM) war die *Myth* der Fliegerin und Alleinflug-Weltrekordhalterin Sheila Scott. Ironischerweise wurden die meisten noch fliegenden Jackaroos — auch die *Myth* — seitdem wieder auf die „normale" (und natürlich wertvollere) Tiger-Konfiguration umgerüstet.

Nächste Seite: Wer ist der Eindringling? Sechs offene Tiger Moths und eine Hornet Moth mit Kabine.

Diese Seiten und nächste Seite: Die D.H.87 erschien 1934 als mögliches Nachfolgemodell für die Gipsy Moth. Kennzeichnend waren die beiden nebeneinanderliegenden Sitze und die in der Mitte angeordnete, Y-förmige Doppelsteuersäule, mit der sie von beiden Sitzen aus gesteuert werden konnte. Beim Rumpf handelte es sich um eine Konstruktion in Stahlrohr-Holz-Gemischtbauweise, während die Tragflächen, die sich zur platzsparenden Unterstellung an den Rumpf klappen ließen, aus Holz bestanden und mit Stoff bespannt waren. Die Hornet Moth ging im August 1935 in Serie. Das Originalexemplar aus dieser Zeit verfügte über elegante Tragflächen in ausgeprägter Trapezform, die aber – wie sich bald herausstellte – zum Abreißen der Strömung an den Flügelspitzen neigten, wodurch eine Tragfläche bei geringer Geschwindigkeit schlagartig absackte. Dies war nicht gerade eine wünschenswerte Eigenschaft für ein Flugzeug, das für die Zielgruppe der privaten Halter vorgesehen war, so daß sie kurz darauf durch die D.H.87B abgelöst wurde, die mit den hier gezeigten Rechteckflügeln ausgestattet war, die zwar weniger ästhetisch, dafür jedoch aerodynamisch überlegen waren. Auch bei den meisten der früheren Ausführungen wurden die Rechteckflügel nachgerüstet.

DH 87B
HORNET MOTH
1935

G-ADND

Insgesamt waren 165 Hornet Moths gebaut worden (die Hälfte davon für den Export), bis die Produktion im Mai 1938 eingestellt wurde. Sie bot zwei Erwachsenen und zwei großen Koffern Platz, konnte 35 Gallonen Treibstoff (für eine Reichweite von 600 Meilen) mitführen und erreichte mit ihrem 130 PS starken Motor vom Typ D.H. Gipsy Major I eine Reisegeschwindigkeit von 111 mph. Damit war die Hornet Moth sowohl in der Vorkriegs- als auch in der Nachkriegszeit zu einem populären Reiseflugzeug geworden, das von seinen wenigen Eignern, die es heute noch fliegen, sehr gelobt wird. Die auf dieser Aufnahme erkennbaren breiten Fahrwerksbeinverkleidungen können um 90 Grad gedreht werden, so daß sie als Luftbremsen wirken – eine Neuheit, die erstmals bei dem Hochdecker D.H.80 Puss Moth angewandt wurde.

G-AFNG
G-
FNG

Die D.H.94 Moth Minor wurde von Geoffrey de Havilland erstmals am 22. Juni 1937 geflogen und sollte als moderner Tiefdecker die sehr erfolgreiche, aber allmählich veraltete Moth ablösen. Sie wurde von einem speziell entwickelten 90-PS-Motor des Typs D.H. Gipsy Minor angetrieben und verband die bewährte, kastenförmige Rumpfstruktur mit Sperrholzbeplankung der D.H.60 mit einem ebenfalls sperrholzbeplankten Flügel großer Streckung, bei dessen Entwurf man von Erfahrungen während der Entwicklung der D.H.88 Comet (siehe nächstes Kapitel) und des viermotorigen Verkehrsflugzeugs D.H.91 Albatross profitiert hatte. Die Produktion lief 1939 in Hatfield an und brachte gut 100 Exemplare dieses Musters hervor, bis sie Kürzungen aufgrund der Kriegserklärung zum Opfer fiel und der Platz in der Flugzeugfabrik für militärische Zwecke benötigt wurde. Alle Konstruktionszeichnungen, Bohrschablonen, Werkzeuge und noch nicht fertiggestellten Zellen der Moth Minor wurden zur de Havilland Aircraft Pty Ltd in Australien transportiert, wo die Endmontage stattfand und eine geringe Zahl von Neuflugzeugen hergestellt wurde, darunter auch eine Charge von 40 Stück für die Royal Australian Air Force, die bis zur Verfügbarkeit von genügend Tiger Moths aus der Massenproduktion als vorläufige Schulmaschinen eingesetzt wurden. Obwohl die meisten Moth Minor mit offenen Cockpits in Tandemanordnung ausgerüstet waren, wurden auch einige Exemplare mit geschlossener Kabine gebaut. Andere wiederum — wie z. B. die hier abgebildete G-AFNG — wurden nach dem Krieg zu Coupéversionen umgebaut.

Rausch der Geschwindigkeit

Die letzte de Havilland? Es ist wirklich kaum zu glauben, daß die so schnittige D.H.88 Comet zur gleichen Zeit entstand wie die Moths und Tiger Moths aus dem vorangegangenen Kapitel, aber diese rundum schöne Maschine ist tatsächlich fast 60 Jahre alt! Den Anstoß zu ihrer Entwicklung gab der 1934 von dem australischen Philanthropen Sir MacPherson Robertson ausgesetzte Preis von 15.000 Pfund für den Sieger in einem Wettflug von England nach Australien, mit dem an die Gründung des australischen Bundesstaates Victoria erinnert werden sollte. Die meisten Teilnehmer dieses Rennens über eine Flugstrecke von 12.300 Meilen waren auf vorhandene Muster angewiesen. De Havilland erkannte seine Chance sofort: Er bot an, für 5500 Pfund eine speziell für dieses Rennen konzipierte Maschine zu bauen und erhielt postwendend drei Aufträge zum Bau von Comets, sozusagen „geradewegs vom Reißbrett weg“. Auftraggeber waren A.O. Edwards, Generaldirektor des Londoner Hotels „Grosvenor House“, die Piloten Jim und Amy Mollinson und der Rennfahrer Bernard Rubin.

G-ACSS

G-ACSS
34

Die Comet wurde in nur neun Monaten konstruiert und gebaut, eine enorme Leistung vor allem auch deshalb, weil diese Maschine einen Quantensprung in der Flugzeugtechnik darstellte und mit einer Fülle von Innovationen aufwartete. Um die hohe Geschwindigkeit und die große Reichweite zu erzielen, die für das MacRobertson-Rennen unerläßlich waren, mußte sie eine klare, aerodynamisch günstige Linienführung und besonders glatte Oberflächen zur Verringerung des Strömungswiderstands aufweisen — und diese Eigenschaften standen im Widerspruch zu der Forderung, daß sie zum Auftanken auch auf kurzen Plätzen starten und landen können mußte, die sich teilweise in sehr entlegenen Gebieten entlang der Streckenführung befanden. Daher wurde für die Comet eine einzigartige Schalenbauweise (mit tragender Außenhaut) gewählt, bei der viele Erfahrungen aus dem Bootsbau umgesetzt wurden und die Beplankung in Form von diagonal ausgerichteten Fichtenholzstreifen realisiert wurde.

Die hochverdichtenden Sechszylindermotoren vom Typ D.H. Gipsy Six R leisteten je 230 PS und wurden in außergewöhnlich windschnittigen Triebwerksgondeln untergebracht, die zugleich die Räder des einziehbaren Hauptfahrwerks aufnahmen. Die Motoren übertrugen ihre Leistung auf Ratier-Verstellpropeller, die (mit Hilfe einer Fahrradpumpe!) zum Start auf geringe Steigung eingestellt wurden und sich anschließend automatisch wieder auf die höhere Steigung einstellten, mit der die Maschine mehr als 140 mph schnell wurde. Im schlanken Rumpf befand sich ein zweisitziges Tandem-Cockpit und — vor der Besatzung — außerdem der gesamte Treibstoffvorrat, der eine Reichweite von maximal 2925 Meilen ermöglichte. Die erste der bestellten Comets hob in Hatfield am 8. September 1934 zum Erstflug ab, ganze sechs Wochen vor dem Beginn des Rennens.

GROSVENOR HOUSE
CSS

34
CSS

Wären da nicht die modernen Cessnas im Hintergrund, könnte diese Aufnahme vom RAF-Stützpunkt Mildenhall (Suffolk) auch am Vorabend des Starts zum MacRobertson-Rennen, dem 20. Oktober 1934, entstanden sein. Im Morgengrauen dieses Tages standen drei Comets am Start: Die schwarz-goldene G-ACSP *Black Magic* der Mollisons, die grüne G-ACSR von Rubin, die keinen Beinamen hatte und von Owen Cathart-Jones und Ken Waller geflogen wurde, und die – natürlich auf den Namen *Grosvenor House* getaufte – G-ACSS von Edwards, geflogen von Charles Scott und Tony Campbell-Black. Die Mollisons und das Team Scott/Campbell-Black schafften es nonstop bis Bagdad, während Cathart-Jones und Waller infolge von Problemen mit dem Kompaß und wegen ungünstigen Wetters einen ungeplanten Zwischenstop in Persien einlegen mußten. Doch das Blatt wendete sich, und die *Black Magic* mußte mit Motorschaden nach Allahabad ausweichen, während die *Grosvenor House* weiterjagte und trotz der Probleme der Besetzung mit dem Flugzeug, dem Streckenwetter und Ermüdungserscheinungen nach einer Flugzeit von 70 Stunden, 54 Minuten und 18 Sekunden als erste in Melbourne eintraf. Die Comet hatte sowohl den Preis für die Geschwindigkeit gewonnen als auch den Sieg in ihrer Klasse errungen, und da die Regeln vorsahen, daß beide Siege nicht einer Maschine zugesprochen werden durften, entschieden sich Scott und Campbell-Black für den Geschwindigkeitspreis. Cathart-Jones und Waller wurden mit ihrer Comet vierte und legten die Strecke sofort in umgekehrter Richtung zurück, wobei sie Wochenschaufilme und Zeitungsartikel mitbrachten, um über den Triumph ihrer Rivalen zu berichten! Und diese Fotos? Sie wurden in Hatfield aufgenommen, dem Geburtsort der Comet, als die *Grosvenor House* im Mai 1987 für ihren ersten Flug nach 49 Jahren vorbereitet wurde, nachdem sie der kompliziertesten und schwierigsten Restauration unterzogen worden war, die in der Geschichte der Luftfahrt jemals unternommen wurde.

Nach dem MacRobertson-Rennen wurden noch zwei Comets gebaut, doch überlebt hat nur die G-ACSS. Sie wurde für kurze Zeit von der Royal Air Force für Versuche eingesetzt, bei denen sie beschädigt wurde, anschließend von Jack Cross, einem begabten Ingenieur der Essex Aero Ltd. repariert und trug nacheinander die Beinamen *The Orphan* und *The Burberry.* Sie unternahm 1937/38 mehrere Langstreckenflüge, bevor sie auf dem Flugplatz Gravesend während des gesamten Zweiten Weltkriegs unter freiem Himmel abgestellt wurde. Für die Ausstellung auf dem Festival of Britain im Jahr 1951 wurde der berühmte Renner äußerlich restauriert, wurde aber anschließend in der De-Havilland-Motorenfabrik Leavesden eingelagert, wo er wiederum dem Verfall preisgegeben war. 1965 wurde er der Shuttlewoth Collection als nicht flugfähiges Exponat gestiftet. Die Wiederherstellung der Lufttüchtigkeit begann 1976, nachdem The Transport Trust und Hawker Siddeley Aviation Fördermittel zur Verfügung gestellt hatten. Nach und nach beteiligten sich über 50 Unternehmen der Luftfahrtindustrie an diesen Arbeiten, die auf dem Flugplatz Old Warden, dem Royal Aircraft Establishment in Farnborough und schließlich dem Werk von British Aerospace in Hatfield durchgeführt wurden, wo die *Grosvenor House* am 17. Mai 1987 wieder flog und zur Zeit auch stationiert ist, da die kurzen Graspisten des Flugplatzes der Shuttleworth Collection für einen sicheren Flugbetrieb mit diesem schwierig zu handhabenden Hochleistungsrenner ungeeignet sind.

Oben und nächste Seite: Die D.H.98 Mosquito war kein Rennflugzeug, obwohl einige von ihnen dennoch nach dem Krieg am transkontinentalen Luftrennen „Bendix Trophy“ in den USA teilnahmen; ihr Ruf geht vielmehr auf die D.H.88 Comet zurück, deren Erfolg Geoffrey de Havilland dazu anregte, einen leichten, schnellen Bomber ganz aus Holz zu konstruieren, der von zwei Merlin-Motoren von Rolls-Royce angetrieben wurde, schneller fliegen sollte als die meisten damaligen Abfangjäger und daher keine Bewaffnung benötigte, sondern sich voll auf seine höhere Geschwindigkeit verlassen konnte. De Havilland ließ sich durch die Kurzsichtigkeit der Militärs (die seinen Entwurf glattweg abgelehnt hatten) nicht entmutigen und startete sein Projekt eines „Bombers mit Jägergeschwindigkeit“ als private Initiative, wobei er den Prototypen unter völliger Geheimhaltung baute. Belohnt wurde er schließlich doch, und zwar im März 1940 mit einer Bestellung von zunächst 50 Stück der Mosquito-Bomber, von denen bis dahin noch keiner geflogen war. Wie schon mit seinem Rennflugzeug-Vorgänger, so wurde auch mit dem „Wooden Wonder“ eine Reihe hochmoderner technischer Finessen realisiert, insbesondere die Rumpfstruktur, die aus einem Birkensperrholz-Balsaholz-Laminat aufgebaut war, das aus zwei in der Mitte senkrecht geteilten Halbschalen bestand, die wie bei einem Kunststoffmodell aneinandergefügt

wurden. Der Vorteil: Alle Einbauten, Rohrleitungen, Kabel, Steuerseile und Steuergestänge konnten vorher installiert werden.

Das Mosquito-Konzept erwies sich als so flexibel, daß die Maschine für die unterschiedlichsten Aufgaben ausgelegt wurde, so z. B. als Kampfbomber, Nachtangriffsjäger, Erkundungsflugzeug, Fotoaufklärer, Schiffsangriffsjäger, Torpedobomber, Schnellkurier, Zweimot-Trainer und als Zieldarstellungs-Schleppmaschine. Die RAF flog ihre letzten „Mossie"-Einsätze – zur Fotoaufklärung über Malaya – im Dezember 1955. Insgesamt 7781 Mosquitos wurden in De-Havilland-Werken in Großbritannien, Australien und Kanada, ferner bei Standard Motors, Percival Aircraft und Airspeed Aviation gebaut. Nur zwei lufttüchtige Mosquitos gibt es heute noch: Eine von ihnen (die oben abgebildete RR299 der British Aerospace) fliegt in Großbritannien, die andere in Florida. Die RR299 war 1945 als Ausbildungsmaschine Mosquito T Mk 3 mit Doppelsteuer gebaut und 1963 aus dem aktiven Dienst ausgemustert worden. Später wirkte sie in den Filmen *633 Squadron* und *Mosquito Squadron* mit und wird seitdem von den BAe-Mitarbeitern in Hawarden bei Chester (einer der Fertigungsstätten während des Krieges) in flugfähigem Zustand gehalten.

Unten und nächste Seiten: Eine reinrassige Percival. Captain Edgar Percival konstruierte und baute den Prototypen der E.1 Mew Gull in wenigen Monaten Anfang 1934 als sein eigenes, einsitziges Reiseflugzeug. Die Weiterentwicklung führte 1935 zur E.2, bei der es sich eigentlich schon um ein ganz neues Flugzeug handelte und die als Renner und Rekordbrecher Berühmtheit erlagen sollte. Vier E.2 und die E.3H des Captains wurden gebaut, und die bekannteste von ihnen ist die G-AEXF, die auf eine lange und glanzvolle, wenngleich auch manchmal sehr bewegte Karriere zurückblicken kann.

Gebaut als eine von drei Mew Gulls, die mit dem 205 PS starken Motor vom Typ D.H. Gipsy Six Series II ausgestattet waren und sich 1936 an dem mit 10.000 Pfund dotierten Schlesinger Air Race von Portsmouth in England nach Johannesburg in Südafrika beteiligten, wurde dieses Flugzeug mit dem Kennzeichen ZS-AHM und dem Beinamen *The Golden City/Die Goudstad* von dem ehemaligen südafrikanischen Major Alastair Miller geflogen. Er mußte jedoch in Belgrad aufgrund von Problemen mit der Treibstoffzuführung aus dem Rennen ausscheiden. Seine Mew Gull wurde anschließend mit einem 200-PS-Gipsy Six ausgerüstet und von dem britischen Piloten Alex Henshaw gegen eine Leopard Moth eingetauscht. Mit der Unterstützung von Jack Cross von der Essex Aero Ltd auf dem Flugplatz Gravesend begab sich Henshaw daran, die Maschine auf die Luftrennsaison 1938 vorzubereiten. Dazu baute er einen Motor vom Typ Gipsy Six R mit 230 PS ein (der von der in diesem Kapitel bereits vorgestellten D.H.88 Comet G-ACSS stammte), rüstete sie mit einem Ratier-Verstellpropeller aus und nahm außerdem eine Reihe äußerlicher Veränderungen an der Maschine vor, so z.B. eine niedrigere Haube und eng anliegende Fahrwerksbein- und Radverkleidungen. Beim ersten Wettflug, der von Hatfield auf die Isle of Man führte, belegte die G-AEXF gleich den zweiten Platz, wobei sie eine Höchstgeschwindigkeit von 247 mph erreichte und dazu nicht einmal sämtliche Leistungsreserven ausgeschöpft hatte. Als nächstes gewann die Mew Gull den begehrten King's Cup mit der schnellsten jemals dabei erzielten Geschwindigkeit von 236,5 mph. Nun richteten Henshaw und Cross ihr Augenmerk auf das „große" Rennen von England nach Südafrika und zurück: Sie tauschten den temperamentvollen „R"-Motor gegen den weniger leistungsfähigen, dafür aber zuverlässigeren Gipsy Six II aus und erhöhten die ausfliegbare Treibstoffmenge auf 87 Gallonen, also mehr als das Doppelte des normalen Treibstoffvorrats. Am 5. Februar 1939 startete Henshaw vom Flugplatz Gravesend in Richtung Kapstadt, von wo er nach einer Flugzeit von vier Tagen, zehn Stunden und 20 Minuten zurückkehrte. Mit diesem kometenhaften Hin- und Rückflug stellte er einen Rekord auf, der bis heute nicht gebrochen wurde.

Die G-AEXF wurde kurz vor Ausbruch des Zweiten Weltkriegs nach Frankreich verkauft, wo sie bis Kriegsende vor den Nazi-Besatzern versteckt gehalten werden konnte. 1950 kehrte sie beschädigt nach England zurück und wurde dort vollkommen neu aufgebaut und schrittweise mit verschiedenen Hauben ausgestattet, die jedesmal etwas größer waren und die Sicht des Piloten stetig verbesserten. Mitte der fünfziger Jahre flog sie einige Luftrennen mit, wobei sie 1955 nochmals den King's Cup gewann. 1965 wurde sie erneut beschädigt und fiel zunächst in die Hände einer sogenannten „Erhaltungsgruppe", die die Tragflächen kurzerhand absägte, damit die Maschine auf einen Lastwagen paßte.

Glücklicherweise jedoch wurde das Wrack 1972 von Tom Storey und Martin Barraclough gekauft (für ganze 350 Pfund), die die Mew Gull in ihrer Konfiguration von 1936 komplett neu aufbauten. Im Juni 1978 flog sie wieder unter den Augen von Alex Henshaw und Jack Cross und gelangte wieder zurück zu ihrem Erbauer Edgar Percival, der noch immer seinen allgegenwärtigen braunen Filzhut trug, der seinerzeit – im Jahr des King's Cup – die ursprüngliche Höhe der Haube vorgegeben hatte. Als wäre sie vom Pech verfolgt, wurde die Mew Gull 1983 durch ein Leichtflugzeug, das sich selbständig gemacht hatte, nochmals schwer beschädigt und ein weiteres Mal neu aufgebaut. Am 6. Mai 1985 erwischte es die G-AEXF während eines Probefluges durch den Kaufinteressenten Desmond Penrose noch einmal, als sie kurz nach der Landung auf einer Grasbahn in einen neu gezogenen und nicht gekennzeichneten Drainagegraben rollte, wobei sie sich überschlug und zu Bruch ging. Penrose, auf diesem Foto nach dem vierten und (bisher) letzten Neuaufbau der Mew Gull im Cockpit der „XF" fotografiert, kaufte die Maschine und reparierte die Mew Gull mit Alex Henshaw als Berater und der tatkräftigen Unterstützung von Skysport Engineering sowie den Mitarbeitern der Shuttleworth Collection in mühevoller Kleinarbeit zu ihrer Konfiguration aus der Zeit des Kapstadt-Rekords. Doch das Schicksal spielte der Mew Gull weiter übel mit: Elf Monate und weniger als fünf Flugstunden nach ihrem letzten „Erstflug" fiel der Motor kurz nach dem Start vom Flugplatz Old Warden aus. Der ehemalige Testpilot machte eine lehrbuchmäßige, glatte Geradeauslandung in einem hochbewachsenen Gerstenfeld. Doch während des Ausrollens schlangen sich die Getreidehalme um das Fahrwerk der Mew Gull und bremsten sie so ruckartig ab, daß sich die Maschine überschlug. Dabei brachen die Flächen, und der Pilot war für mehrere Minuten angsterfüllte Minuten im Cockpit eingeschlossen, während dieses sich allmählich mit Benzindämpfen aus gebrochenen Treibstoffleitungen füllte. Aber nachdem die Mew Gull so viele Katastrophen überlebt hat – wer sagt, daß sie nicht auch diesmal wieder fliegen wird?

ESSEX AERO LTD.

G-AEXF

Diese Seiten: Rivalen für die Vorkriegs-Speedster von Edgar Percival waren die schnittigen einsitzigen Renner der Brüder F.G und George Miles. Die abgebildete Maschine ist die M.2L Hawk Speed Six mit dem Kennzeichen G-ADGP, angetrieben von einem D.H. Gipsy Six 1F mit 200 PS, eine der drei jemals gebauten Speed Six und Überlebende eines Paares von Flugzeugen dieses Typs, die 1935 für die Geschwister Luis und Ruth Fontes konstruiert worden waren.

In den dreißiger Jahren wurde sie von dem berühmten Langstreckenflieger und Luftrennen-Teilnehmer Tommy Rose geflogen, der vor Alex Henshaw Testpilot bei Miles war und den Rekord für die Strecke England-Südafrika-England hielt. In den ersten Jahren nach dem Krieg war dieses Flugzeug mit der großen seitlich schwenkbaren Haube ein vertrauter Anblick in der britischen Rennflugzeugszene und wurde von Ron Paine pilotiert. Mehrfach legte sie die Strecke im jährlichen Rennen um den King's Cup in der kürzesten Zeit zurück, wurde aber aufgrund des Wettbewerbsreglements niemals zum Sieger erklärt. Nach einem mehrjährigen Aufenthalt in den Vereinigten Staaten kehrte die einzigartige Hawk Speed Six in den achtziger Jahren nach England zurück, wo sie von Ron Souch wieder in ihre Vorkriegskonfiguration mit der kleinen „Hochgeschwindigkeits"-Schiebehaube und der Lackierung in Schwarz-Beige gebracht wurde. Sie gehört heute zwar dem Amerikaner Tom Buffalo, befindet sich aber als befristete Leihgabe bei der Shuttleworth Collection in Old Warden. Auf diesem Foto ist sie mit ihrem regulären Piloten und dem früheren Mew-Gull-Anteilseigner Martin Barraclough am Steuerknüppel zu sehen.

G-A
DPR

G-ADPR

Diese Seiten: Eine weitere Eigenkonstruktion von Edgar Percival. Die dreisitzige und vollständig in Holzbauweise hergestellte Gull, Typ D, flog erstmals im Jahr 1932 und wurde noch im selben Jahr vom Captain selbst im Großbritannien-Rundflug, dem King's Cup Air Race, geflogen, wo sie eine Durchschnittsgeschwindigkeit von 142,73 mph erreichte. Die endgültige Version D.3, auch Gull Six genannt, erschien 1935 und unterschied sich mit ihrem 200 PS starken D.H. Gipsy Six, geteilten Klappen an der Flügelhinterkante, einer neuen und stromlinienförmigeren Windschutzscheibe und einem mit einzelnen Federbeinen ausgestatteten, verkleideten Fahrwerk wesentlich von früheren Versionen. Die Gulls waren im Hinblick auf ihre aerodynamischen Eigenschaften außergewöhnlich sorgfältig konstruiert und zählten zu den schnellsten Privatflugzeugen ihrer Zeit. So erreichte die D.3 eine Höchstgeschwindigkeit von 178 mph und stellte zahlreiche Geschwindigkeits- und Reichweitenrekorde auf. Edgar Percival selbst flog eine Gull Six innerhalb von nur einem Tag von Gravesend nach Algerien und zurück. Wie man bei diesem Blick ins Cockpit der Gull Six G-ADPR sieht, sitzt der Pilot nicht in der Mitte, sondern geringfügig nach links versetzt. Bemerkenswert auch der Steuerknüppel in Form eines Spatengriffs und der große Kompaß auf der rechten Cockpitseite.

Die in Neuseeland geborene Fliegerin Jean Batten kaufte 1935 die G-ADPR für 1725 Pfund (Originalzitat: „Alles, was ich hatte“) als Neuflugzeug, mit dem sie eine Überquerung des Südatlantik plante. Zu diesem Zweck wurde anstelle der hinteren Sitze ein 85-Gallonen-Treibstofftank installiert, der der Maschine eine Reichweite von mehr als 2000 Meilen verlieh. Am 11. November 1935 verließ sie Lympne in Kent mit dem Ziel Brasilien, wo sie nach einer 13 Stunden und 15 Minuten dauernden Transatlantiküberquerung eintraf. Für diese Rekordleistung wurde sie mit der Britannia Trophy ausgezeichnet. In den beiden darauffolgenden Jahren gelang ihr neben Rekordflügen von England nach Australien der erste Flug von England nach Neuseeland überhaupt und ein Flug von Australien nach England. Die G-ADPR gehört nicht zur Shuttleworth Collection und wurde hier mit Testpilot Angus McVitie am Steuerknüppel während eines Werkstattfluges fotografiert, der nach einer im Mai 1990 abgeschlossenen großen Reparatur fällig war. Noch im selben Jahr kehrte die berühmte Gull Six als befristete Leihgabe für eine Jean-Batten-Gedächtnisausstellung nach Neuseeland zurück, diesmal allerdings etwas komfortabler als während ihres Rekordfluges von 1936, nämlich an Bord eines Boeing-747-Frachtjumbos.

Castrol

48

G-

Offen — was denn sonst?

Diese Seiten: Die britische Firma Arrow Aircraft (Leeds) Ltd baute nur zwei Flugzeuge — um so bemerkenswerter, daß eines davon heute noch fliegt. Der einsitzige Ganzmetall-Doppeldecker Arrow Active Mk II wurde 1932 gebaut und nahm in den Jahren 1932 und 1933 an den Rennen um den King's Cup teil. Nachdem er von 1935 bis 1957 eingelagert gewesen war, ging er in den Besitz des inzwischen verstorbenen Norman Jones über, der den berühmten Tiger Club gegründet hatte, und wurde anschließend wieder flugtauglich gemacht, wobei zugleich ein D.H. Gipsy Major IC mit 145 PS als Ersatz für den ursprünglichen Gipsy-III-Motor eingebaut wurde. Über viele Jahre war die Active von Mitgliedern des Tiger Club in Rennen geflogen und zu Kunstflugvorführungen eingesetzt worden, hatte aber dennoch nur 500 Flugstunden hinter sich, als Lewis „Benjy" Benjamin sie 1976 kaufte und bald darauf an eine Reihe interessierter Piloten des Tiger Club Anteile an dem „Old Girl" ausgab. Zu diesem Kreis gehörte auch der derzeitige Eigner der G-ABVE Desmond Penrose, der beim King's Cup von 1980 damit den zweiten Platz belegte. 1981 begann Penrose damit, den kleinen Doppeldecker einer gründlichen Restaurierung zu unterziehen, bei der er wieder seine Originalkonfiguration von 1932 erhalten sollte. Dieses Ziel war 1989 erreicht, als ein auf null Stunden gebrachter Gipsy-III-Motor, mit dem ursprünglich die fünfte jemals gebaute Tiger Moth ausgerüstet worden war, den bis dahin verwendeten stärkeren Motor ablöste. Wie viele der anderen einzigartigen Oldtimer in diesem Buch, so befindet sich auch die Arrow Active in der Shuttleworth Collection auf dem Flugplatz Old Warden.

Unten und rechts: Ebenfalls in Old Warden beheimatet und einziger Überlebender aus einer kleinen Serienfertigung ist die Parnall Elf, von denen drei Exemplare in den Jahren 1929 bis 1932 von der Holzverarbeitungsfirma George Parnall & Co aus Yate bei Bristol gebaut wurden. Die erste Elf, entworfen von Harold Bolas, gab ihr Debüt auf der Olympia Aero Show in London im Jahr 1929. Sie war ein Doppelsitzer mit sperrholzbeplanktem Rumpf und stoffbespannten, beiklappbaren Flügeln, die – wie der Blick von hinten gut erkennen läßt – mehrfach untereinander verstrebt waren. Dabei bildeten die Streben zwischen den Tragflächen ein Strebenfachwerk im Dreiecksverband, das die bis dahin üblichen Verspannungen überflüssig machte. Die G-AAIN war die zweite Elf, die gebaut wurde, flog erstmals im Juni 1932 und wurde an Lord Apsley in Badminton verkauft. Nach der Einlagerung während des Krieges wurde sie – nicht flugfähig – 1951 von der Shuttleworth Collection aufgekauft und durch Lehrlinge wieder restauriert, bis sie im Jahr 1980 wieder abheben konnte. Angetrieben wird sie von einem Vierzylinder-Reihenmotor des Typs Hermes II mit 105 PS.

Links: Die G-AAIN ist zwar ein Tandemdoppelsitzer, doch Alleinflüge werden von hinten durchgeführt, während das vordere Cockpit abgedeckt wird. Der „tail trimmer“ links neben dem Steuerknüppel dient zum Austrimmen der Maschine durch Verändern des Höhenruder-Einstellwinkels.

Ausflug über Buckinghamshire. Die bildschöne Morane-Saulnier M.S. 230 von Patrick Lindsay über ihrem Heimatplatz Booker Anfang der siebziger Jahre. Die in Frankreich gebaute M.S. 230 entstand 1930 und bildete den Kern der Ausbildungsflotte der *Armée de l'Air* vor dem Zweiten Weltkrieg. Viele überlebten den Militärdienst und fanden in den fünfziger Jahren und noch danach ihren Weg in französische Fliegervereine. Der Sternmotor vom Typ Samson 9Ab mit 250 PS Leistung wurde auch in Belgien und Portugal in Lizenz gebaut und brachte eine Vielzahl unterschiedlicher Varianten hervor. Das Foto zeigt den Eigentümer Lindsay im hinteren Sitz; vorn sitzt Manx Kelly. Leider sind beide inzwischen verstorben und werden auf der Szene der Oldtimertreffen und -vorführungen von vielen vermißt.

Rechts: Selbstporträt. Der Autor, zünftig gekleidet, wie es sich für den Piloten eines offenen Doppeldeckers gehört, in der Luft mit seiner sunburst-gestreiften Stampe SV.4C über den West Midlands im Jahr 1972.

Links: Die Stampe SV.4, oft fälschlicherweise als „französische Tiger Moth“ bezeichnet, stammte eigentlich aus Belgien, wo sie 1933 von Jean Stampe und Maurice Vertongen als doppelsitziger, offener Doppeldecker für Sport und Ausbildungszwecke konstruiert wurde. Zwar entstanden einige Exemplare in ihrem Heimatland Belgien; die meisten aber wurden in Frankreich bei SNCA du Nord produziert. SNCA lieferte rund 700 Maschinen vom Typ SV.4C, die mit dem D.H. Gipsy Major bzw. Renault-Motoren bestückt waren, an die *Armée de l'Air*, die *L'Aeronavalé* und zivile, von der Regierung geförderte Fliegerclubs in Frankreich aus. In den fünfziger Jahren waren die Stampes bei den europäischen Kunstflugwettbewerben dominierend, und sie sind bis heute ausgezeichnet geeignete Maschinen für die Kunstflugausbildung. Von den 977 gebauten Stampes gibt es heute vermutlich noch rund 350 Stück, 60 allein in Großbritannien, von denen die Hälfte lufttüchtig ist. Diese hier – das läßt schon das „personalisierte“ Kennzeichen vermuten – gehörte dem bekannten britischen Kunstflieger Richard Goode, der heute allerdings eher beim Herumtollen mit einer der leistungsfähigeren Wettbewerbsmaschinen Extra 300 oder Suchoi Su-26MX anzutreffen ist.

Unten: Eine Bébé über den QFU-Zahlen der Landebahn. Die Jodel D.9 Bébé, eine Konstruktion des Schwiegervater-Schwiegersohn-Teams Edouard JOly und Jean DELmontez, ist eines der ausdauerndsten Leichtflugzeuge, die für den Eigenbau konzipiert waren. Selbst heute noch, mehr als vierzig Jahre nach ihrem Erstflug in Frankreich am 21. Januar 1948, ist dieses Flugzeug bei Amateurflugzeugbauern beliebt. Die Bébé ist komplett in Holzbauweise aufgebaut und wird normalerweise von einem umgebauten, luftgekühlten Volkswagen-Motor angetrieben (in den zweiten Bébé-Prototypen wurde nach dem Krieg einer der vielen Motoren eingebaut, die die Deutschen bei ihrem Rückzug aus Frankreich zurückgelassen hatten). Das kleine Flugzeug wurde weltweit in großen Stückzahlen gebaut und regte viele Flugzeugbauer zu ähnlichen zwei- und viersitzigen Knickflügelkonstruktionen an, ob aus der Amateurwerkstatt oder als Serienflugzeug. Die Bébé war auch Vorläuferin für die Flugzeuge der Serie DR400, die von Robin in Dijon noch heute gebaut werden.

RIDES
BEAGLE
TOURING
AIR TOURS

Diese Seiten: Das waren noch Zeiten, als Wanderschausteller mit wettergegerbten Gesichtern in den USA mit ihren Doppeldeckern umherzogen, die nicht viel anders aussahen als diese prächtige New Standard D-25A aus dem Jahr 1928 (wenn auch selten so blitzblank geputzt wie diese), und irgendwo auf dem Land niedergingen, um dort ein Bettlaken mit der Aufschrift *FLY! – $5 – FLY!* aufzuspannen und der Bevölkerung die Möglichkeit zu geben, ihre Heimatstadt von oben zu betrachten. Inzwischen mag der Spaß zwar teurer geworden sein, aber ihren Reiz haben solche Rundflüge bis heute nicht verloren. Für 20 Dollar gibt's ein Lächeln von der attraktiven Bodenmannschaft und einen der vier Plätze in der offenen Maschine vor dem Piloten. Der 220-PS-Sternmotor bringt das Ganze in die Luft, und Sekunden später genießt man die Sicht von Horizont zu Horizont, mit roten Backen vor schierem Vergnügen (vielleicht aber auch nur durch den Fahrtwind auf der Nase). Keine Frage: Das ist jeden Cent wert!

Oben: „WACO" heißt sie. *WAH-Co.* Nicht „Way-Co" wie die Stadt in Texas, und auch nicht „Whacko". WACO ist das Kürzel für die Weaver Aircraft Company, die 1919 von Clayton Brukner und „Sam" Junkin gegründet wurde. Diese Firma ließ sich nach einigen Umzügen fest in Troy (Ohio) nieder und baute dort offene Doppeldecker und solche mit Kabine in den unterschiedlichsten Ausführungen, die in den zwanziger und dreißiger Jahren als Schul- und Geschäftsreiseflugzeuge und – vor allem in Südamerika – für militärische Zwecke eingesetzt wurden. Diese hier ist ein Dreisitzer (zwei Sitze vorn, einer hinten) vom Typ UPF-7, die am häufigsten gebaute Waco-Version. Der Grund für die hohe Stückzahl lag darin, daß die Regierung beschlossen hatte, diesen Typ für das zivile US-Pilotenausbildungsprogramm zu beschaffen, das 1940 ins Leben gerufen wurde, um angesichts des drohenden Krieges die Zahl der ausgebildeten Piloten zu erhöhen, was sich auch bald lohnen sollte. Waco baute 600 mit einem 220-PS-Continental-Sternmotor ausgerüstete UPF-7. Die letzte verließ am 7. November 1942 das Werk, das seine Produktion auf Lastensegler für den Truppentransport umstellte.

Unten: Der Werbeslogan von Waco lautete *Ask Any Pilot*. Leider hat es der Autor versäumt, den Piloten zu fragen, was für eine Waco er denn genau flog. Eigentlich ein Muß für den engagiertesten Studenten auf diesem Gebiet, denn die Typenbezeichnungen der Wacos sind eine verwirrende Mischung aus allen möglichen Buchstaben, denen der Experte die Motorversion, die Tragflächenkonstruktion und die Unterversion des jeweiligen Musters entnehmen kann. Dieser elegante Dreisitzer mit Radverkleidungen wurde beim Fliegertreffen „Sun 'n Fun" der Experimental Aircraft Association in Lakeland (Florida) fotografiert. Es handelt sich um eine Maschine der Serie 1931/33BF/CF, wobei der genaue Zusatz für den Motor davon abhängt, ob ein 170-PS-Jacobs-Motor oder ein Continental-Triebwerk mit 165 bzw. 210 PS eingebaut wurde. Wer sich traut, kann ja raten...

Yankee Doodle

Der klassische Stearman-Doppeldecker war eines der wenigen Dinge, in denen sich die US Army und die US Navy jemals einig waren. Beide Waffengattungen beschafften ihn Mitte der dreißiger Jahre und setzten ihn während des gesamten Zweiten Weltkriegs für die Anfängerschulung ein.

Die Stearman, die im Dezember 1933 ihren Erstflug absolvierte, stand paradoxerweise nur sehr vage mit ihrem Namensgeber in Verbindung. Lloyd Stearman hatte das zwei Jahre zuvor von ihm in Wichita gegründete Unternehmen verlassen, bevor die beiden Konstrukteure Harold Zipp und Jack Clark ihr Modell 70 vorstellten, aus dem dieses Muster entstand. Die „Stearman" war ein Produkt der Boeing Stearman Division. Insgesamt wurden 10.346 Stück in Form der von einem Lycoming-Motor angetriebenen PT-13- und in Form der Continental-bestückten PT-17-Maschinen gebaut, die bei der Army „Kaydets" und bei der Navy „N2S" hießen. Letztere erhielten den Spitznamen *Yellow Perils* (was so viel bedeutet wie „Gelbe Gefahr") wegen ihres hellen Warnanstrichs, der andere Aviateure darauf hinweisen sollte, daß die Navy-Maschinen von Pilotenanwärtern geflogen wurden. Die Stearman war im Vergleich zu ihrem europäischen Gegenstück, der Tiger Moth, wesentlich größer und stärker motorisiert und hatte viel geräumigere Cockpits. Sie fand zu Friedenszeiten verbreiteten Einsatz als Schulmaschine in kleineren Luftstreitkräften, bildete das Rückgrat der Agrarfliegerei in den USA, ist bis heute sehr beliebt bei Flugvorführungen (wofür sie oft mit einem 450-PS-Wasp-Sternmotor von Pratt & Whitney anstelle der Originaltriebwerke mit nur 220 bis 280 PS ausgestattet wird) und stellt als „Warbird" natürlich ein begehrtes Sammlerobjekt dar. Dieses Exemplar wurde auf Sun 'n Fun fotografiert und trägt die Originalfarben (Blau und Chromgelb) der USAAC-Kaydets.

N49272
23

39
Col. Bob Dunn
39

Diese Seiten: Anfängerschulung wurde außer auf dem Stearman-Doppeldecker auch auf der Fairchild PT-19 durchgeführt, die aus dem zivilen Muster M-62 entwickelt worden war. Die hier abgebildete Maschine, die gerade über einen Taxiway von Sun 'n Fun rollt, gehört zu der in der größten Stückzahl gebauten Version PT-19A mit einem 200-PS-Motor vom Typ Ranger L-440-3. Das spätere Modell, die PT-23, die auf dem oberen Bild ihre Heimatbasis Cosford in England überfliegt, wo sie an Vorführungen des Flugzirkus' PT Flight von Bob Mitchell beteiligt ist, wurde von einem Continental-R-670-Sternmotor mit 220 PS angetrieben. Insgesamt wurden 1126 Maschinen vom Typ PT-23 für die Anfängerschulung und PT-23A-Blindflugtrainer von Fairchild, der Howard Aircraft Corporation und Fleet in Kanada gebaut. Letzte Chargen der Produktion waren 670 mit einem Ranger-Triebwerk ausgestattete PT-26, die für die Royal Canadian Air Force bestimmt waren, wo sie als „Cornell Mk I" bezeichnet wurden, sowie 1057 Maschinen vom Typ PT-26A/B für das USAAC. Im Gegensatz zu den hier abgebildeten Flugzeugen waren alle Cornells und PT-26 mit einem geschlossenen Cockpit und einer langen Schiebehaube ausgestattet.

Rechts und nächste Seite: Nachdem die Fliegerkadetten die Grundelemente des Fliegens auf Stearmans und Fairchilds erlernt hatten, kamen sie bei ihrem nächsten Schritt auf der Schulungsleiter mit dieser Maschine in Berührung. Offiziell hieß sie Vultee Valiant, doch wegen der „Ganzkörpermassage" durch den 450-PS-Sternmotor erhielt sie bald den gängigen Namen Vultee Vibrator. Der während des Krieges am häufigsten gebaute und in der Anfängerschulung eingesetzte US-Trainer wurde in zwei Versionen produziert. Die BT-13A/B, die 1939 erstmals beschafft wurde, wurde von einem 450 PS starken Sternmotor vom Typ Pratt & Whitney R-985-25 Wasp Junior angetrieben und insgesamt in 7832 Exemplaren gebaut. Da nicht genügend Wasp-Motoren zur Verfügung standen, wurde eine zweite Version (BT-15) mit dem Wright R-975-11 ausgerüstet; von dieser Version liefen insgesamt 1693 Stück vom Band. Zweitausend Maschinen der Version BT-13A/B gingen vom USAAC an die US Navy, wo sie unter der Bezeichnung „SNV-1/2" eingesetzt wurden. Diese Maschine ist eine von nur noch dreien, die heute noch fliegen; eine weitere fliegt in der Flugzeugsammlung „PT Flight Cradles of Heroes" des Engländers Bob Mitchell. Trotz der enormen Stückzahlen, in denen die „Vibrator" gebaut worden war, befinden sich nur noch wenige in lufttüchtigem Zustand, von denen viele für Filme wie *Tora! Tora! Tora!* zu Nachbildungen der japanischen Torpedobomber vom Typ Kate und Val umgebaut wurden.

N5

N58566

Unten: Die „Vibrator“ aus der Sicht des Fluglehrers. Das dreieckige Rohrgerüst zwischen beiden Sitzen ist ein Überrollbügel, der verhindern sollte, daß die Haube im Fall eines (keineswegs seltenen) Überschlags bei der Landung eingedrückt wurde und die Insassen einklemmte.

RAF-OLDTIMER

Roy Chadwick, der später den Lancaster-Bomber konstruieren sollte, entwarf die Avro 621 Tutor im Jahr 1929 als Nachfolger für die von der Royal Air Force eingesetzte und in die Jahre gekommene Avro 504K. Die Tutor hatte einen 240 PS starken Siebenzylinder-Sternmotor vom Typ Armstrong-Siddeley Lynx IVC und wurde als großes, komfortables und gut ausgestattetes Flugzeug seiner Rolle als Schulflugzeug voll gerecht: Es hatte geräumige Cockpits, verstellbare Sitze, ein gebremstes Hauptfahrwerk, ein Spornrad statt des sonst üblichen Schleifsporns und ein Höhenleitwerk mit variablem Einstellwinkel zum Austrimmen der Maschine. Das Flugzeug war einfacher zu fliegen als viele seiner Zeitgenossen – vielleicht sogar ein wenig zu gutmütig für eine wirklich erstklassige Schulmaschine. Von 1933 bis 1936 bildeten sechs sunburst-lackierte Tutors das Formationskunstflugteam der Central Flying School, aus dem übrigens viel später die heutigen Red Arrows hervorgingen. Daneben war dieses Muster beim RAF College mit seinen Flugschulen 3, 5 und 11 auf den RAF-Fliegerhorsten Grantham, Sealand und Wittering sowie bei den Universitätsfliegerstaffeln Oxford und Cambridge im regulären Einsatz. Außer von der RAF wurde die Tutor auch von der dänischen Marine, den Luftstreitkräften von Brasilien, Ägypten, Griechenland und Südafrika und – in geringer Zahl – auch von einigen zivilen Eigentümern geflogen.

Oben: Die K3215 der Shuttleworth Collection in ihrer prächtigen gelben Trainerlackierung aus der Vorkriegszeit ist die letzte von 855 bei A V Roe & Co. Ltd. und 60 in Südafrika und Dänemark in Lizenz gebauten Maschinen des Typs Tutor. Sie flog früher beim RAF College (dessen Wappen sie noch auf der Seitenflosse trägt) in Cranwell und später bei der Central Flying School der RAF. Sie war die letzte noch im Einsatz stehende Tutor und wurde im Dezember 1946 endgültig ausgemustert.

Unten: Das traditionelle „Armstrong"-Verfahren zum Anreißen des Motors ließ sich noch bequem anwenden, solange die Motoren klein waren und geringe Leistungen hatten. Doch angesichts zunehmender Zylinderzahlen, steigender Leistungen und größerer Propeller wurde das Starten des Motors allmählich immer problematischer. Hier ließ sich B.C. Hucks, einer der berühmtesten britischen Luftfahrtpioniere, etwas einfallen: Er nahm das Fahrgestell eines Ford Modell T und montierte darauf eine Startvorrichtung. Diese besteht aus einer über eine Kette und Zahnräder angetriebenen Welle, die auf einen federgelagerten Kreuzkopf wirkt. Dieser wiederum greift in eine Klaue auf der Propellernabe. Der Automotorantrieb läßt sich wahlweise auf den normalen Antrieb des Modells T oder die Anlaßwelle aufschalten. Die einzigartige Hucks-Anlaßvorrichtung wird hier von Mitgliedern der Shuttleworth Collection gerade zum Anlassen des Lynx-Motors der Tutor verwendet.

Diese Seiten: Wie die Tutor, so war auch die Hawker Tomtit aus dem Jahr 1928 als Nachfolger für die Avro 504N konzipiert und brachte eine Reihe von Neuerungen, die bis dahin bei keinem Anfänger-Schulflugzeug zu finden waren. Dazu gehörten automatische Spaltflügel an den oberen Tragflächen, eine komplette Blindflug-Instrumentierung im hinteren Cockpit und stark gegeneinander versetzte Tragflächen, die im Notfall einen schnellen Ausstieg per Fallschirm von beiden Cockpits aus ermöglichten. Als Triebwerk kam ein Fünfzylinder-Sternmotor vom Typ Armstrong-Siddeley Mongoose IIIC mit 150 PS zum Einsatz. Doch trotz der sehr angenehmen Handhabungsqualitäten der Tomtit beschaffte die RAF lediglich 25 Exemplare dieses Typs, die in der 3. Flugschule auf dem RAF-Fliegerhorst Grantham und in der Central Flying School auf dem RAF-Stützpunkt Wittering eingesetzt wurden. Eine der 25 Maschinen war für Kommunikationseinsätze bei der 24. Staffel vom RAF-Stützpunkt Northolt bei London abgestellt und wurde dort regelmäßig vom Prince of Wales geflogen. 1935 wurden die Tomtits von der RAF ausgemustert und zum Teil auf dem zivilen Flugzeugmarkt verkauft. Eine davon war die hier gezeigte K1786/G-AFTA, die als letztes Exemplar dieser Baureihe das Werk verlassen hatte und die einzige noch fliegende Tomtit ist. Sie ging nach dem Krieg an den Hawker-Testpiloten und einstigen Fluggeschwindigkeits-Weltrekordhalter, Staffelführer Neville Duke.

K
1786
K1786

Diese Seiten und nächste Doppelseite: Während der ganzen dreißiger Jahre bildeten Hawker-Doppeldecker das Rückgrat der Kampfflugzeug- und Bomberflotte der Royal Air Force, angefangen bei der einsitzigen Fury über die doppelsitzigen Demon-Kampfflugzeuge bis hin zu zahlreichen Varianten der allgegenwärtigen Hart, die für praktisch jede erdenkliche Aufgabe — ob als Schulflugzeug, als Schleppflugzeug für Zielobjekte, zur Unterstützung von Bodentruppen oder als leichter Bomber — zum Einsatz kam. Die hier gezeigte Hind löste 1935 die Hart als Teil des RAF-Expansionskonzepts der Vorkriegszeit ab und unterschied sich von ihrer Vorgängerin durch ein aufgeladenes V12-Triebwerk vom Typ Rolls-Royce Kestrel V, das 640 PS Leistung lieferte (115 PS mehr als das Kestrel-IB-Triebwerk der Hart), ferner durch ein größere hinteres Cockpit, bei dem der Bordschütze mehr Bewegungsfreiheit beim Einsatz seiner drehbaren Lewis-Bordkanone hatte, durch ein verbessertes Auspuffsystem und durch ein Spornrad anstelle eines Schleifsporns.

Die Hind der Shuttleworth Collection war eine von acht Maschinen, die 1938 als Neuflugzeuge an die Königlich Afghanische Luftwaffe ausgeliefert worden waren. Zu ihnen gesellten sich zwei Jahre später zehn weitere Maschinen dieses Typs aus RAF-Überbeständen. Sie wurden erst 1956 ausgemustert und blieben in Bagram nördlich von Kabul, als sie 1970 der Shuttleworth Collection angeboten wurden. Eine von ihnen gelangte nach einem abenteuerlichen Überführungsflug von 6000 Meilen nach England zurück. Hier ist sie nach der Originalrestaurierung in den afghanischen Farben zu sehen, in denen sie am 17. August 1981 ihren ersten Flug nach einem Vierteljahrhundert absolvierte.

Inzwischen trägt sie die Seriennummer K5414 sowie das Wappen und (in lateinischer Schrift) die Abzeichen der 15. Staffel der Royal Air Force. Diese Staffel ist auf dem RAF-Fliegerhorst Abingdon bei Oxford beheimatet und flog früher die Hind von dort aus. Diese Einheit ist heute mit Tornados ausgerüstet. Die Shuttleworth-Maschine verkörpert das goldene (oder in diesem Fall treffender das „silberne und aluminiumpolierte") Zeitalter der RAF. Noch originalgetreuer wirkt dieser letzte leichte RAF-Bomber in Doppeldeckerbauweise durch die zusätzlich angebrachten Waffenträger und die täuschend echten Glasfaserimitate der hochexplosiven 120-Pfund-Allzweckbomben vom Typ Mk 1.

KV
K5414

XV

FIRST AID
XV
K5414
SUPPORT HERE
K
5414

Wie die Hind das Ende des Doppeldeckerzeitalters bei den RAF-Bomberstaffeln miterlebte, so erging es auch der Gloster Gladiator, dem letzten Doppeldecker-Kampfflugzeug, das paradoxerweise zugleich das erste mit ganz geschlossenem Cockpit war. Andere Neuheiten, die die Gladiator gebracht hatte, waren die doppelten Querruder und vier Maschinengewehre vom Typ Browning 0.303, von denen jeweils zwei auf jeder Seite des Rumpfvorderteils und in Außenbehältern unter den Tragflächen montiert waren. Damit verfügte sie über die doppelte Feuerkraft ihrer Vorgänger. Zwar lieferte der Neunzylinder-Sternmotor Bristol Mercury IX die beachtliche Leistung von 840 PS, doch der hohe Luftwiderstand des festen Fahrwerks und der abgestrebten und verspannten Doppeldeckerkonstruktion ließen nur eine Geschwindigkeit von 253 Meilen pro Stunde zu. So war die Gladiator auf hohe Wendigkeit angewiesen, und genau diese Eigenschaft verhalf ihr auch zu ihren Erfolgen in Übersee, zu denen neben Einsätzen in der Arktis die Verteidigung Maltas gegen die Angriffe von Mussolinis Luftwaffe durch die drei legendären Maschinen „Faith, Hope and Charity“ während des Zweiten Weltkriegs zählte. An der Heimatfront war die Gladiator bis Kriegsbeginn weitestgehend durch Spitfires und Hurricanes ersetzt worden, doch noch während der Luftschlacht um England übernahmen Gladiator-Maschinen der 247. Staffel aus Roborough (Devon) die Verteidigung der Dockanlagen der Royal Navy in Plymouth. An den 50. Jahrestag der Luftschlacht um England im Jahr 1990 erinnert auch die Bemalung der einzigen noch flugfähigen Maschine der Shuttleworth Collection in den Tarnfarben dieser Staffel.

Oben: *Maggie, Maggie, Maggie!* Die Miles M-14A Magister war die robustere Weiterentwicklung des Leichtflugzeugs Hawk aus der Vorkriegszeit, das erste Eindecker-Schulflugzeug der RAF und zugleich das erste Flugzeug mit Landeklappen. Die Magister war eine komplette Holzkonstruktion und wurde von einem 130 PS starken Vierzylindermotor vom Typ D.H. Gipsy Major I angetrieben. Ihre Aufgabe bestand darin, die Flugschüler auf die Handhabung der neuen Eindecker-Kampfflugzeuge Spitfire und Hurricane vorzubereiten. Sie kippte beim Überziehen abrupt ab und mußte – einmal in einer Trudelbewegung – systematisch und mit präzisen Ruderausschlägen wieder in die Normalfluglage gebracht werden, ganz zu schweigen von der höchst unangenehmen aerodynamischen Besonderheit, daß ein unbeabsichtigtes Schieben einen Strömungsabriß an Seiten- und Höhenruder auslösen konnte, durch den die Maschine sofort in einen Sturzflug mit manchmal tödlichem Ausgang überging. Mit diesen Flugeigenschaften war die Magister für die Anfängerschulung weniger gut geeignet als ihr Konkurrent, der Doppeldecker Tiger Moth. Die ersten Exemplare wurden im September 1937 ausgeliefert, und insgesamt erhielt die RAF 1242 „Maggies“, die in 16 Einheiten für die Anfängerschulung eingesetzt wurden. Die hier abgebildete P6382/G-AJDR mit ihrem Tarnanstrich, wie er im Krieg verwendet wurde, gehört der Shuttleworth Collection und ist eine von nur noch zwei flugfähigen Maschinen; . . .

Unten: ... die zweite ist die von Adrian Brook auf das sorgfältigste restaurierte V1075/G-AKPF in ihrer ruhmreichen RAF-Vorkriegsfarbe. Diese Maschine ist mit den zwar gut aussehenden, jedoch verschmutzungsempfindlichen Verkleidungen für die Fahrwerksbeine und Räder ausgestattet, auf die man während des Krieges schnell verzichtete. Und warum haben so wenige Magister überlebt? Der Grund war, daß die britische Aufsichtsbehörde für Lufttüchtigkeitsvorschriften (ARB) am 18. September 1957 — wenn es für die Halter von Leichtflugzeugen einen schwarzen Tag gab, dann war es dieser — eine Lufttüchtigkeitsanweisung erließ. Diese besagte, daß alle älteren holzbeplankten Flugzeuge so weit zu demontieren waren, daß eine Inspektion möglicher schadhafter Klebeverbindungen möglich war, und daß alle verdächtigen Holzteile und Klebeverbindungen instandzusetzen waren. Die Kosten für einen derartigen totalen Neuaufbau lagen höher als die Anschaffungskosten für die meisten Flugzeuge, die aus Vorkriegs- und Kriegszeiten stammten, so daß viele der heute so seltenen Flugzeuge einfach zerlegt oder gleich verbrannt wurden. Die G-AKPF, die einstmals zur Flotte der Elementary Flying School der RAF in Burnaston bei Derby gehörte (wo sich heute ein Automobilwerk von Toyota befindet), war 1947 als Überbestand

für 50 Pfund an Ron Paine verkauft worden. Diese Magister wurde in verschiedenen Flugschulen eingesetzt und ging – wiederum in Burnaston – zu Bruch, nachdem sie bei voller Leistung in geringer Höhe ins Trudeln geraten war. Anschließend wurde sie grundüberholt, wobei nun auch – Glück im Unglück – die drakonischen ARB-Vorschriften eingehalten werden konnten, so daß dieses Exemplar der „warmen Entsorgung" entging. 1962 begannen die Reparaturarbeiten, und 28 Jahre und viele tausend Mannstunden später flog die großartige Maggie wieder. Die Anstrengungen ihres Eigners Brook belohnte sie, indem sie 1991 bei der jährlichen Rallye der Popular Flying Association die Trophäen „Best Vintage Aircraft" und „Concours d'Elegance" gewann.

Unten: Die Cockpits der V1075/G-AKPF sind absolut authentisch, einschließlich der enormen P8-Kompasse und Wendezeiger, der Längsneigungsanzeiger mit den senkrechten Glasrohren, den Typenschildern des Herstellers Phillips & Powis Aircraft Ltd. und sogar Original-Navigationskarten aus dem Jahr 1940! Die dreiteilige Windschutzscheibe des vorderen Cockpits ist mit einem integrierten Überrollbügel ausgestattet, im Gegensatz zur einfachen, aber effizienteren gewölbten Perspex-Scheibe für den (hinten sitzenden) Flugschüler.

WOMEN OF THE EMPIRE

Diese Seiten: Die Dragon Rapide von de Havilland hieß ganz zu Anfang "D.H.89 Dragon Six“ und wurde als Maschine, die sechs Passagiere befördern konnte, im Großbritannien der Vorkriegszeit bald zu einem der wichtigsten Flugzeuge im Kurzstrecken-Linienverkehr. Daneben spielte sie eine wichtige Rolle beim Aufbau von Inlandsstrecken, insbesondere in Schottland. Während des Krieges erfüllte die Militärversion („Dominie“) zahlreiche Aufgaben, insbesondere als Schulungsflugzeug für die Ausbildung von Navigatoren und Funkern und als Verbindungs- bzw. Kommunikationsflugzeug. Insgesamt bauten de Havilland und die Brush Coachworks in Loughborough (Leicestershire) 727 Dragon Rapides und Dominies. Die meisten der während des Krieges gebauten Exemplare entstanden in Loughborough, da sich das De-Havilland-Werk in Hatfield auf die Produktion von Mosquito-Jägern konzentrierte. Für ein Jahrzehnt nach Kriegsende, wenn nicht länger, wurden im — wie man heute sagen würde — „Zubringerdienst“ Flugzeuge vom Typ Dragon Rapide eingesetzt. Aber auch Kurzstrecken bedienten einige große europäische Fluggesellschaften, darunter British European Airlines, mit diesem Muster. So wurde die Dragon beispielsweise für Flüge ins schottische Hochland und zu verschiedenen Inseln eingesetzt. Die Z7260/G-AHGD *Women of the Empire* ist eine ehemalige Dominie. Sie wurde im Krieg als eines von zwei Ambulanzflugzeugen für den Silver Thimble Fund gebaut und am 21. Mai 1941 auf dem Luftwaffenstützpunkt Hendon von Lady Maud Carnegie an die RAF übergeben. Sie gehörte viele Jahre dem ehrenwerten Michael Astor, der sie dem de Havilland Flying Centre der Shuttleworth Collection als Leihgabe zur Verfügung stellte. 1991 wurde sie auf einer Auktion von einem privaten Bieter ersteigert und ging kurze Zeit später während der Teilnahme an einer Flugvorführung in Essex durch einen tragischen Absturz verloren.

Die Dragon Rapide war auch als privates Transport- und Geschäftsreiseflugzeug der Luxusklasse beliebt. Zu den luxuriösesten gehörten die G-ACTT Seiner Königlichen Hoheit Prinz Edward, 1935 der Prince of Wales, und die ähnlich nobel ausgestattete G-ADDD, erste Maschine der am 21. Juli 1936 gegründeten King's Flight der Royal Air Force. Die abgebildete G-ACZE wurde 1934 als Geschäftsreiseflugzeug für die Anglo-Persian Oil Company gebaut. Ein halbes Jahrhundert später begann der Handwerksmeister und de-Havilland-Enthusiast Ron Souch mit der Restauration ihres Wracks und versah die fertige Maschine mit den auffälligen rot-blauen Streifen, die der Livree der Brigade of Guards ähnelten, wie sie die „königlichen" Rapides trugen (man achte auf das Wappen des Prince of Wales auf der Seitenflosse). Und natürlich wurde auch die Innenausstattung sorgfältig auf diese Farbgebung abgestimmt. In der Tat ein Flugzeug, das einem König gut zu Gesicht stehen würde! Das fand wohl auch ihr Eigentümer Brian Woodward, der auf seinem Landsitz in Dorset eine beneidenswerte Sammlung von de-Havilland-Leichtflugzeugen unterhält.

Oben: Wie die Flugzeuge vom Typ Miles Magister fielen auch die meisten Percival Proctors dem abschreckenden „Leimerlaß" von 1957 zum Opfer, so daß sie heute nur noch äußerst selten anzutreffen sind. Die dreisitzigen Proctors I, II und III und die viersitzige Proctor IV wurde aus den Vorkriegsmaschinen Gull und Vega Gull entwickelt und dienten bei der RAF während des Krieges als Kommunikationsflugzeuge und als Ausbildungsmaschinen für Bordfunker. Einige von ihnen blieben bis 1955 im Einsatz. Die Maschine oben ist eine Proctor IV, ausgerüstet mit einem 210 PS starken Motor vom Typ D.H. Gipsy Queen II.

Die Briten nannten sie „Harvard", das US Army Corps „Texan" und die Pilotenanwärter der US Navy einfach nur „SNJ". Wie auch immer: Die North American AT-6 war eines der erfolgreichsten Flugzeuge aller Zeiten, das für die Fortgeschrittenenschulung eingesetzt wurde.

Sie war aufgrund eines Auftrags des British Air Ministry entwikkelt worden, der nur über 200 Maschinen lautete, und absolvierte ihren Erstflug am 28. September 1938. Doch schon innerhalb eines Jahres waren die beiden US-amerikanischen North-American-Fertigungsstätten in Inglewood (Kalifornien) und Dallas (Texas) sowie das Werk der Firma Norduyn Aviation in Kanada voll damit ausgelastet, dem aus Großbritannien, Kanada, den Vereinigten Staaten und anderen Ländern gemeldeten Bedarf gerecht zu werden. Bis 1942 lernten Piloten aus 23 Nationen das Fliegen und den Luftkampf mit dieser Maschine. Die Produktion bzw. Grundüberholung von T-6- bzw. Harvard-Varianten hielt bis in die frühen fünfziger Jahre an, als die Zahl der insgesamt gebauten Flugzeuge dieses Typs den stolzen Wert von 15.495 Stück erreichte. Sie wurden von Luftstreitkräften in mehr als 40 Ländern weltweit geflogen, wobei allein im Rahmen des Flugausbildungsplans des britischen Commonwealth während des Zweiten Weltkriegs mehr als 131.500 Besatzungsmitglieder ausgebildet wurden. Einige wenige Harvards dienen noch heute zur Pilotenausbildung in einigen kleineren Luftstreitkräften der Welt, doch allgemein ist dieses Muster inzwischen verdientermaßen zum sorgfältig gehegten Sammlerstück geworden. Die abgebildete G-AZSC, die hier vom inzwischen verstorbenen Neil Williams und „Hintermann" James Black, seinem Kameraden im British Aerobatic Team, in einer charakteristischen, temperamentvollen Fluglage vorgeführt wird, trägt heute japanische Nationalitätskennzeichen, da sie in der Pazifikkrieg-Flugschau des Harvard Formation Team ein Mitsubishi-Zero-Kampfflugzeug darstellt. In dieser Flugschau wird sie von ihrem Eigentümer, dem Popstar und Warbird-Enthusiasten Gary „Banzai!" Numan geflogen.

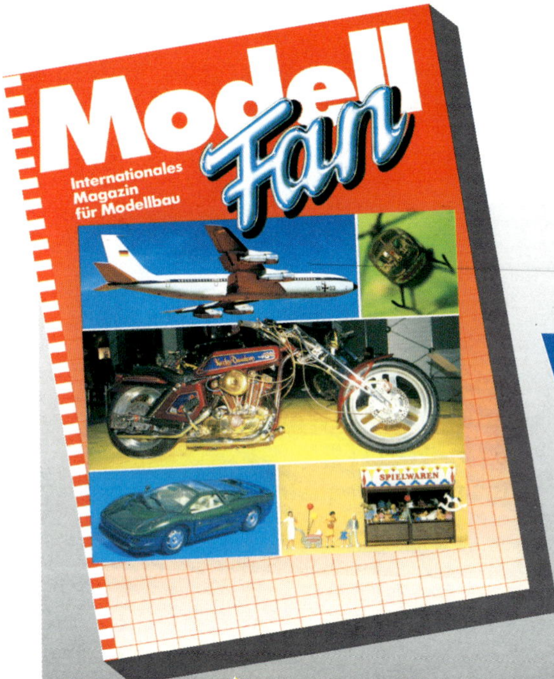

Was „Spezis“ wissen müssen . . .

. . . das steht in Modell Fan, der großen deutschen Fachzeitschrift für den Modellbau. Jeden Monat neu erscheinen in der Zeitschrift Berichte und Hintergrundinformationen vom Original und Modell, für den „newcomer“ aber auch für den „Profi“. Alles über Flugzeuge, Autos, Schiffe, Militärfahrzeuge, Motorräder, Dioramen, Figuren - zum Kennenlernen gleich ein kostenloses Probeheft anfordern bei

Modell Fan, Verlag Schünemann,
Postfach 10 60 67, 28060 Bremen

DM 8,– Nr. 10 Oktober 1994 B 21169 E
Frankfurt Main
Das Magazin der Zivilluftfahrt
Aero International
Im Wandel der Zeit
Der Pilot und sein Flugzeug
ORBIS
Die fliegende Augenklinik
OSHKOSH
Packt den Spaß ins Fliegen
Aero-Leser wählten die beliebtesten
Aero
Airports
Lufthansa
Porträt FINNAIR